河南理工大学思想政治理论课专项资助成果

自然主义的政治

亚里士多德政治哲学研究

田道敏 著

中国社会科学出版社

图书在版编目(CIP)数据

自然主义的政治：亚里士多德政治哲学研究／田道敏著．—北京：中国社会科学出版社，2017．3

ISBN 978-7-5203-0121-3

Ⅰ．①自…　Ⅱ．①田…　Ⅲ．①亚里士多德(Aristotle，前384-前322)-政治哲学-研究　Ⅳ．①B502.233②D0

中国版本图书馆CIP数据核字(2017)第070901号

出 版 人　赵剑英
责任编辑　喻　苗
责任校对　胡新芳
责任印制　王　超

出　　版　中国社会科学出版社
社　　址　北京鼓楼西大街甲158号
邮　　编　100720
网　　址　http://www.csspw.cn
发 行 部　010-84083685
门 市 部　010-84029450
经　　销　新华书店及其他书店

印　　刷　北京明恒达印务有限公司
装　　订　廊坊市广阳区广增装订厂
版　　次　2017年3月第1版
印　　次　2017年3月第1次印刷

开　　本　710×1000　1/16
印　　张　13.25
插　　页　2
字　　数　181千字
定　　价　59.00元

目　录

导 论

一 研究的问题及其意义

当代哲学可以说发生这样一种重要转向：那就是从理论哲学转向实践哲学。政治哲学（political philosophy）就属于一种实践哲学，实际上在亚里士多德那里就是如此。政治哲学也是当代哲学中最为活跃并且讨论最为热烈的领域之一，此外，当代政治哲学的意义和特征与它第一次出现在雅典时代一样明显。按照当代著名政治哲学家列奥·施特劳斯（Leo Strauss）的看法，“所有政治行为都致力于保存或改变。当想要保存时，我们希望阻止趋向更坏的改变；当想要改变时，我们希望带来更好的东西。于是，所有政治行为都被某种更好或更坏的思想引导”。[①] 更好或更坏的思想暗含“善”（the good）的思想，并且引导我们所有行为的善的意识带有意见的特征：虽然它没有被质疑，但是一旦经过反思之后它又被证明是可质疑的。既然“善”的意见可以被质疑，那么我们就应该达到一种不再可质疑的“善”的思想，也就是说我们应该追求一种不再是意见而是知识的思想。[②] 因此，所有政治行为本身都指向善的知识，也即善的生活（good life）或者善的社会（good society）的知识，因为善的社会是完全的政治善（po-

---

① Leo Strauss, "What is Political Philosophy?", *The Journal of Politics*, Vol. 19, No. 3, 1957, p. 343.

② 知识不同于意见，巴门尼德和柏拉图在《理想国》中都对此做过区分。

litical good）。[①]

列奥·施特劳斯认为，如果人类使获取善的生活和善的社会的知识成为他们的明确目标，政治哲学就诞生了。依据这个思路，政治哲学就构成哲学（更大的整体）的一部分。既然这里我们把政治哲学当作哲学的一个分支，那么解释政治哲学是什么就离不开解释哲学是什么。很少人意识到哲学的重要性以及它对日常生活的深刻影响。哲学就像树的根部或房屋的基底，是不可见的或对我们隐藏。我们可能无法谈论我们思想和行为背后的哲学，或者谈论我们思想和行为背后的真实理由或逻辑是什么，但是我们只要稍微深入思考就会发现，我们的所有思想和行为背后都有牢固的根基。哲学追求真理而不占有真理，哲学就是对我们的思想根基进行反思，这应用于一切事物，包括政治学。简言之，政治哲学就是对政治根基的反思，思考我们的政治制度、政治行为和政治思想以获得这些政治事物本性的知识（而不是意见）。

如果我们从上述谈论哲学的意义上来谈论政治哲学，那么无疑柏拉图和亚里士多德的政治哲学可称为政治哲学的经典形式。亚里士多德和他的老师柏拉图一起被看作在无数哲学领域最有影响力的古代思想家之一，包括政治理论。亚里士多德是在他的学生马其顿国王亚历山大大帝统一希腊城邦之后返回雅典，并在这个时期（公元前335—323年）写了他的政治哲学代表作《政治学》。亚里士多德的生活似乎以各种方式影响了他的政治思想：他对生物学的兴趣在他的政治自然主义中表达出来；他辗转各地的旅行经历和不同政治制度的经历激发了他对比较政治学的兴趣以及他对民主和君主政体的同情；虽然他严厉批评他的老师柏拉图的政治哲学思想，但是他同时也从《理想国》、《政治家篇》和《法律篇》中广泛地借鉴了柏拉图的思想；而他自己的《政治学》意图指导统治者和政治家，这反映了他经常活动于高级政治圈子。[②]

---

① Leo Strauss, "What is Political Philosophy?", *The Journal of Politics*, Vol. 19, No. 3, 1957, pp. 343-368.

② Fred Miller, "Aristotle's Political Theory", *Stanford Encyclopedia of Philosophy*, 2011.

亚里士多德的《政治学》是对我们今天在许多西方国家政府中看到的东西的清楚表达，并且我们可能会惊奇地看到希腊诸岛上的城邦是如何与我们今天的政府所面临的许多相同问题做斗争。亚里士多德给了我们六种类型的政体定义：三种好的，三种坏的。按照亚里士多德的观点，当仅一个人统治的时候，如果统治者是好的，那么就是君主制（monarchy）；如果统治者是坏的话，那么就是暴政或僭主政治（tyranny）。当少数精英统治时，如果统治者是好的，那么就是贵族政治（aristocracy）；如果统治者是坏的话，那么就是寡头政治（oligarchy）。当大多数人统治的时候，如果他们统治得好，那么就是共和政治（polity）[①]；如果他们统治得不好，那么就是民主政治（democracy）（或暴民统治）（mob-rule）。在亚里士多德时代，“民主”这个词的意义与今天的意义有所不同。严格地说，现在我们时代的民主是朝向共和政治（polity）的一种尝试。上述六种定义都是关于政体理论（或者宪法理论），也是亚里士多德从纯粹思辨转向政治制度的实践检验，因为这些政治制度都存在于当时的希腊诸城邦当中。亚里士多德观察到城邦（或者城邦国家）的需求按照它们的财富、人口和阶级分布有极大不同。他检验了城邦和政体的种类，并给出大量建议。亚里士多德认为，任何城邦中最大的紧张关系是富人与穷人之间的相互憎恨。因此，他认为，强大的中产阶级将使城邦保持平衡并避免腐败和压迫。那么如何做到呢？这就要求中产阶级在政府中占有一定利益或权利席位，如此一来中产阶级既不会支持那些想要推翻当权者的人，当城邦中发生严重腐败或不公正的情况时他们也不会起来反对当权者。

亚里士多德还观察到给每个人同等机会进入公职是没有必要的，甚至是不切实际的，但是完全排除任何群体的人获得权力也

① 关于 polity 这个词的翻译问题，根据香港中文大学政治学教授王绍光先生的观点，polity 也指民主（意指众人为公众利益而“治”），它不同于亚里士多德所谈的“democracy”（民主，意指众人为自己利益而“治”）。亚里士多德认为 polity 退化了才成为 democracy。

是不明智的。政体通常是被庞大、心怀不满的集团（或派系）所改变，这些集团反抗当权者并发动革命。亚里士多德认为，如果要保存一种政体，城邦需要做到：节制（moderation）、教育和包容（inclusiveness）。富有的少数人和穷困的多数人的利益可以通过允许这两个集团（即富人集团和穷人集团）拥有相等量的权力来平衡，这也可以带给国家稳定和长久。显然，这在很大程度上似乎是当今世界许多“民主国家”正在尝试做的事情。然而，贪婪不断导致国家的不稳定，因为贪婪使国家最顶层的少数人腐化和堕落。所有的政府都需要防御腐败并积极地根除腐败，同时尽可能公平地分配财富使得穷人不再愤恨富人，因为穷人的强烈愤恨或不满是引发暴力革命的“火药库”。

历史虽然不可重复，但总有着惊人的相似。既然当代各国政府面临与古希腊城邦国家相同的问题，而亚里士多德曾经对这些政治问题有过深刻的哲学反思，那么在当代重新研究亚里士多德的政治哲学毫无疑问有着重要意义。然而，当代的许多学者认为，虽然亚里士多德为希腊城邦辩护，但是其《政治学》中所体现的政治哲学思想并未对希腊政治产生直接影响，因为这些思想在他那个时代已经变得过时了。我们知道，由于马其顿国王亚历山大大帝的征服，希腊城邦永久地丧失了它们的独立性。由于类似的原因，亚里士多德关于政治制度的大多数讨论也不能直接应用于现代民族国家。除此之外，亚里士多德还辩护奴隶制、女性的附属地位以及工人阶级的选举权应被剥夺，这同样令现代人感到不快。但是，即便如此，亚里士多德的《政治学》对至今的政治哲学仍然有着深刻影响，因为它对政治哲学长期关心的问题有着深刻和发人深省的讨论。例如，人性在政治中的作用，个人与国家的关系，道德在政治中的地位，政治正义的理论，法律的统治，政体的分析与评价，理想与现实政治的相关性，政治变革与革命的原因和治理措施以及公民道德教育的重要性等等。① 因此，无

① Fred Miller, “Aristotle's Political Theory”, *Stanford Encyclopedia of Philosophy*, 2011.

论从理论上还是从现实上，我们都有必要重新研究亚里士多德的政治哲学。

二 研究现状述评

作为人类历史上最伟大的思想家之一、古代百科全书式的学者，亚里士多德为后世留下了庞大的原文著作，2000 年来后世学者对亚里士多德的著作更是进行了不计其数的研究，积累了更多的二手资料。据说柏林研究院为编订后人对亚里士多德著作的诠疏就耗费将近 28 年的时间。即使选取亚里士多德政治哲学思想这一方面，每个时代的哲学家都对他的思想进行重新解读，并总是带着最重要的时代问题。我们现在这个时代的主题是现代自由政治，其核心问题是个人自由的强盛导致公共政治的衰微。面对自由政治的这个问题，当代政治哲学家们总是回转到古典城邦政治，特别是亚里士多德的政治思想那里寻求解决智慧。这可以区分为两种进路：一是以昆汀·斯金纳（Quentin Skinner）和波考克（J. G. A. Pocock）为代表的现代共和主义进路，也称“剑桥学派”或“共和史学派”，这个进路“以现代自由政治为基本立场，主张以城邦政治价值补偿公共精神缺失，重振个人自由”[①]，此外，以查尔里斯·泰勒（Charles Taylor）和麦金泰尔（A. MacIntyre）为代表的共同体主义（communitarianism）也可归为这一进路[②]；二是以汉娜·阿伦特（Hannah Arendt）为代表的“新亚里士多德主义”（Neo-Aristotelianism）学派主张对现代自由政治立场提出

① 转引自熊文驰《城邦共和政治与德性行动——亚里士多德政治哲学研究》，博士学位论文，复旦大学，2006 年，第 4 页。

② “社群主义”也称“共同体主义”，它源于对罗尔斯《正义论》背后的自由主义理论的批判。它认为自由主义忽略了社群意识对个人认同、政治和共同文化传统的重要性，重新思考社群的意义。需要说明的是，社群主义并非想取代自由主义，而是通过对自由主义的批评来修正自由主义对个人与社群关系的错误假定，重申社群对个人的重要性。社群主义已发展成为西方政治哲学的两大主流之一。

某种修正，重提古典公民的德性行动，以区别于个人自由的行为方式。我们现在就从这两个方向来对国内外亚里士多德的政治哲学研究做一梳理。

（一）亚里士多德政治哲学与当代实践哲学

正如我们一开始就提到，当代哲学产生一种从理论哲学转向实践哲学的倾向。在实践哲学的意义上，当代西方哲学也重燃对亚里士多德思想的研究。实践哲学源于亚里士多德关于实践科学与理论科学的区分，而政治哲学就属于一种实践哲学。因此，当代实践哲学的思潮对于我们理解亚里士多德的诸多政治哲学概念有重要意义。亚里士多德实践哲学的发现与重提要归功于德国哲学家海德格尔。法国哲学家笛卡尔开创的近代哲学属于一种理论哲学的进路，这种进路在德国古典哲学特别是黑格尔的哲学那里达到顶峰。在这种理论哲学的氛围下，原本属于实践哲学的政治哲学被纳入理论哲学的框架内讨论。针对这种状况，海德格尔重提亚里士多德在理论哲学之外阐释的实践哲学，并强调我们今天非常有必要回到实践哲学的本来意义上探讨亚里士多德。海德格尔对亚里士多德思想的重新解释深刻地影响着当代亚里士多德研究。

海德格尔之后的实践哲学研究（自20世纪60年代后）形成一股“新亚里士多德主义”热潮。新亚里士多德主义发端于德国哲学家汉斯·伽达默尔和德国政治哲学家汉娜·阿伦特。伽达默尔的《真理与方法》以及阿伦特的《人的境况》都对亚里士多德的研究产生很大影响。在伽达默尔看来，亚里士多德使我们认识到关乎我们行动的不是理性知识或法则，而是基于实践智慧的判断，例如作为中道的美德（像伦理学上的“慷慨”、“公正”等概念）只有实践智慧的人才能掌握。所以，道德哲学不应像康德等人那样处理为形而上学的知识，而要在实践领域中探讨。

实践哲学思潮下的政治哲学研究的另一重要人物是著名政治哲学家列奥·施特劳斯。施特劳斯将亚里士多德的政治哲学归为古典政治哲学，并且他的古典阐释对亚里士多德的研究产生深远影响。[①] 此外，施特劳斯的学生还构成亚里士多德研究的一个强大学派。施特劳斯倡导的古典解释主张立足古典著作的本身来理解它们，反对采用任何现代概念术语、脱离古典作品本身的语境来阐释古典；同时古典解释并不重点研究几个概念来理解作品，而是强调作品所包括的所有文字都是重要的，并特别强调要从作者写作目的来理解作品，也即力图还原到作者本人的意图那样理解作品。因此，施特劳斯的古典解释不再是重要概念阐释与理论架构，而是对古典作品进行深入评注。

总之，实践哲学的研究旨在恢复亚里士多德实践哲学的本来面目。实践哲学从亚里士多德那里与理论哲学相分离，再到中世纪被理论哲学化或从属于理论哲学，最后又在海德格尔这里重新区分开来，并获得其应有的独立地位。实践哲学独立地位的重新获得意味着政治哲学与伦理学在西方哲学中的地位变得突出和重要。

（二）亚里士多德政治哲学与现代共和主义

现代共和主义（republicanism）是影响当代西方政治哲学回归亚里士多德思潮的另一主要原因。[②] 共和主义者将亚里士多德视作西方共和主义的最早人物，然后罗马时代的代表人物有西塞罗、塔西托和普罗塔克等人，再延续到文艺复兴时期的马基雅弗利以及之后的弥尔顿、孟德斯鸠等人。现代共和主义最重要的代表人物是昆汀·斯金纳和波考克等人，也称“剑桥学派”或“共和史学派”。共和史学派对亚里士多德的研究特别强调城邦公民对公共生活的积极参与，重视重现现代公民所缺失的公共精神。它有三个基本理念：一是自由观，认为自由的国家先于自由的个

---

① Leo Strauss, “The Liberalism of Classical Political Philosophy”, *The Review of Metaphysics*, Vol. 12, No. 3, 1959, pp. 390-439.

② 共和主义与君主制相对立，它反对君王的世袭，强调政府职能由宪法确定；此外，它还强调平等、政治参与和公共精神，因此区别于强调个人特征的自由主义。

人而存在，离开自由的国家，自由的个人便无从说起，自由的国家是个人自由得以展现的公共空间。二是政体观，认为混合均衡政体是人类所能构建的政体中最好的政体，按照亚里士多德的观点，君主制、贵族制、民主制各有其好处，然而问题在于它们自身皆不能持久，由此便会进入一个政体衰败的过程，由王政到僭主政体，继而到贵族政体、寡头政体，最后是民主政体、暴民政体，再到君主制，如此循环。共和主义认为，好的政体应当能摆脱这一循环的宿命，而可能的形式就是同时兼具君主制、贵族制、民主制三者优点的混合均衡政体，也就是共和政体。三是美德观，在共和主义阵营中，除关注混合均衡政体的一方外，另一方更多地从人文主义立场出发提倡公共美德，如审慎、节制、勇气、正义等。但是，共和史学派对亚里士多德著作的解读没有回到雅典时代的城邦语境中理解一些重要概念，例如“公民”，因为古典意义上的“公民”除了政治参与外还有更丰富和复杂的内容。除此之外，即使对于相同政治概念，共和主义者也做出不同于亚里士多德意义的解读。例如，“德性”一词，共和主义者提到公共的政治生活特别要有公民“德性”，但是他们把“德性”理解为一种外在义务。而在亚里士多德那里，德性则是行动本身的目的。尽管如此，共和主义至少突出了亚里士多德城邦共和政治及其德性行动的重要意义，对于当今政治具有非常重要的影响。

（三）亚里士多德哲学的一般性研究

正如我们一开始就将政治哲学视为哲学的一个分支，亚里士多德政治哲学的研究也就离不开他的哲学的一般性研究。亚里士多德哲学研究的一个重要前提是《亚里士多德全集》的翻译。《亚里士多德全集》的英译本有很多，例如沃尔德曼（A. E. Wardman）与克里德（J. L. Creed）翻译的《亚里士多德哲学全集》[①]；洛布

---

① A. E. Wardman and J. L. Creed, *The Philosophy of Aristotle: A New Selection with an Introduction and Commentary by Renford Bambrough*, New American Library, 1963.

（Loeb）丛书中的《亚里士多德全集》，有希腊文与英文对照①；苏格兰哲学家罗斯（W. D. Ross）主持的亚里士多德全译本②；加纳森·巴内斯（Jonathan Barnes）主持的全译本③。亚里士多德《政治学》的翻译有纽曼（W. L. Newman）的译本和注释④，巴克（E. Barker）的译本和评注⑤；卡尔内斯·罗德（Carnes Lord）的译本⑥。亚里士多德的《尼各马可伦理学》的英译本有托马斯·阿奎那拉丁文译本的英译以及阿奎那的评注⑦，埃尔文（T. Irwin）的译本⑧等。当然，关于亚里士多德哲学的研究还有更多成果，在此不一一列举。不过，我们需要强调的是对亚里士多德政治哲学的研究，特别是他的《政治学》的研究。这方面的文献有：大卫·凯耶特（David Keyt）等人所编的以政治学为讨论中心的论文集《亚里士多德〈政治学〉参考》⑨；帕茨赫（Guenther Patzig）编的文集《亚里士多德的“政治”》；巴克的《柏拉图与亚里士多德的政治思想》⑩；斯万森（J. A. Swanson）的《亚里士多德政治哲学中的公与私》⑪；穆尔干（R. G. Mulgan）的《亚里士多德的政治理论》⑫；索克艾沃（S. G. Salkever）的《寻求中道：亚里

---

① *Aristotle*, Vol. 23, Classical Library, Harvard University Press.

② W. D. Ross, *The Works of Aristotle*, Vol. 12, Oxford, 1928-1952.

③ Barnes. J, *The Complete Works of Aristotle: The Revised Oxford Translation*, Vol. 2, Princeton University Press, 1984.

④ Newman. W. L, *The Politics of Aristotle*, 4 volumes, Oxford: Clarendon Press, 1887-1902.

⑤ E. Barker, *The Politics of Aristotle: with an Introduction Notes and Appendixes*, 1999.

⑥ Carnes Lord, *Aristotle: The Politics, Translated and with an Introduction, Notes and Glossary*, The University of Chicago Press, 1984.

⑦ St. Thomas Aquinas, *Commentary on Aristotle's Nicomachean Ethics*, translated by C. I. Linzinger, O. P. Henry Regnery Company, 1964.

⑧ Irwin, T, *Aristotle: Nicomachean Ethics*, Indiananpolis, 1999.

⑨ Keyt, D. and Fred D. Miller, JR, *A Companion to Aristotle's Politics*, Basil Blackwell, Inco, 1991.

⑩ E. Barker, *The Political Thought of Plato and Aristotle*, New York, Russell & Russell, 1959.

⑪ Judith A. Swanson, *The Public and the Private in Aristotle's Political Philosophy*, Cornell University Press, 1992.

⑫ R. G. Mulgan, *Aristotle's Political Theory*, Oxford: Clarendon Press, 1977.

士多德政治哲学中的理论与实践》[①]；尼可拉斯（M. P. Nichols）的《公民与政治家：亚里士多德政治学研究》[②]；雅克（B. Yack）的《政治动物问题：亚里士多德政治思想中的共同体、正义与冲突》[③]；理查德·克劳特（Richard Kraut）的《亚里士多德：政治哲学》[④]；弗雷德·米勒（F. D. Miller）的《亚里士多德〈政治学〉中的自然、正义与权利》[⑤]；迈克尔·戴维斯（Micheal Davis）的《哲学的政治学》[⑥] 等。

国内研究亚里士多德政治哲学的有以下学者：首先是吴恩裕，他早年留学英国，专门研究政治哲学，著有《西洋政治思想史》、《西方政治思想史论集》，是早期研究亚里士多德政治哲学的重要人物[⑦]，对亚里士多德政治哲学思想做了一般性的介绍。其次，严群、向达等学者对亚里士多德伦理学著作进行了翻译和研究，例如严群的著作《亚里士多德之伦理思想》，从伦理道德的维度探讨了亚里士多德的城邦政体理论与中庸思想；向达对亚里士多德《尼各马可伦理学》进行了翻译，题名为《亚里士多德伦理学》。最后，国内哲学界研究亚里士多德的专家还有陈康及其学生苗力田、汪子嵩等人。陈康先生著有论文集《陈康：论希腊哲学》，其研究重点主要在亚里士多德形而上学方面，对政治哲学的研究相对要弱一些；苗力田主持完成《亚里士多德全集》的翻

① S. G. Salkever, *Finding the Mean: Theory and Practice in Aristotelian Political Philosophy*, Princeton University Press, 1990.

② M. P. Nichols, *Citizens and Statesmen: A Study of Aristotle's Politics*, Rowman & Lilltlefield Publishers, Inc., 1992.

③ Bernard Yack, *the Problems of a Political Animals: Community, Justice and Conflict in Aristotelian Political Thought*, University of California Press, 1993.

④ R. Kraut, *Aristotle: Political Philosophy*, Oxford University Press, 2002.

⑤ F. D. Miller, JR, *Nature, Justice and Rights in Aristotle's Politics*, Oxford: Clarendon Press, 1995. 以及书评 Randall R. Curren, Reviews, Reason Papers, pp. 144-153。

⑥ M. Davis, *The Politics of Philosophy*, Rowman & Lilltlefield Publishers, Inc., 1996.

⑦ 吴恩裕 1933 年毕业于清华大学哲学系，后在伦敦政治经济学院师从著名政治学家拉斯基教授获博士学位。后在北京大学等多所学校担任政治学教授，并且他还是著名红学家。政治学方面的著作有《西洋政治思想史》、《政治学问题研究》、《古希腊政治思想史》等。

译，进一步推动了关于亚里士多德政治哲学的研究；汪子嵩则编有《希腊哲学史》，其中第三卷专论亚里士多德，对其政治哲学思想进行了全面细致的介绍。此外，还有吴寿彭先生所翻译的亚里士多德的《政治学》、廖申白翻译的《尼各马可伦理学》等著作。近年来，围绕亚里士多德政治哲学研究的代表性论著还有复旦大学洪涛先生的《逻各斯与空间——古代希腊政治哲学研究》，在“亚里士多德：希腊政治哲学的终结”一章中从语言与政治关系入手探讨了亚里士多德所展示的政治传统。综观国内学者的研究，对亚里士多德著作的翻译多于论著，一般性研究多于政治哲学的研究，对亚里士多德政治自然主义思想的研究更是鲜有涉及，研究重点比较分散，思想与学术上还构不成体系，没有达到一个相对完备的阶段。

三 研究目的、方法与难点

从已有的关于亚里士多德政治哲学研究现状我们可以看到，当代学者特别是当代西方学者希望从亚里士多德政治哲学那里获取个人自由与公共精神之间的一种恰当张力。当代政治哲学有两个主流：现代自由政治与现代共和主义。自由主义政治过于强调个人的特征，使得公共精神衰退；而共和主义过分强调公共精神，使得个人割让更多自由给国家。因此，重温亚里士多德政治思想的动机就是寻找如何在保持一定限度的个人自由的前提下保证有效的公共精神的途径。这就需要我们对亚里士多德的政治思想进行系统研究和深入解读，而不是为了当代政治主题去吸收亚里士多德政治思想的某一方面为我所用。但是，解读亚里士多德的思想仍然会面临这样一种困境：或者立足于当代政治语境去思考亚里士多德的政治哲学，使得亚里士多德的政治思想被深深打上当代烙印，这在某种意义上改变了亚里士多德本来的思想面目；或者像施特劳斯那样完全摒弃当代政治语境的影响，力图真实还原亚里士多德政治哲学思想的古典解释，以期做到完全客观的观察。然而，正如康德所言：思维无内容则空，直观无概念则盲。解读古代思想家的著作，我们无法做到绝对的客观，也无法脱离当代思想氛围的影响，我们总是要带着现代自由政治的“有色眼镜”去观察、揣摩古人。同时，一旦负载现代的思想偏见过重，就会对古人的思想做不恰当或偏离的解释，忽视了当时的语境。因此，本书的一个目的就是要既立足于当代政治思想背景，同时尊重古希腊雅典时代的政治语境，全面而深入地研究亚里士多德的著作（特别是政治哲学著作《政治学》以及相关的《尼各马可伦理学》），弄清其著作中重要概念的内涵和外延，做出恰如其分的理解和引注。当然这些解读也离不开亚里士多德的其他哲学著作。因此，文本解读将是本书采取的一个重要研究方法。

由于亚里士多德的著作和思想（包括政治学著作和政治哲学思想）2000多年来被许多一流思想家们集中研究，因此，关于亚里士多德不可避免地存在大量争议。例如，关于《政治学》的研究就很难获得共识。同样，学界关于亚里士多德政治理论的正确阐释也存在分歧：赞同、辩护、反驳和批评，不一而尽。在此，本书的主要目的是从亚里士多德的核心政治哲学主张出发，梳理相关争议以及解释，最后尝试给出更恰当的辩护。这个目的与前一个目的是紧密相关的，因为亚里士多德的《政治学》著作所反映出的政治哲学思想离不开他在其他著作中表达的形而上学和伦理学思想，我们不能脱离他的形而上学和伦理学原则来理解他的政治哲学。亚里士多德政治哲学最重要和最典型的特征是他在《政治学》第一卷中表达的政治自然主义思想，具体表达为以下三个主张：城邦由于自然而存在；人类本性上是政治动物；城邦本性上优先于个体。实际上，在有关亚里士多德政治哲学的研究中，很多学者都将注意力集中于亚里士多德政治自然主义的这三个主张，特别是这三个主张应当如何予以正确的解释，以及亚里士多德给出的相应论证是否合理。在这个方面，当代研究亚里士多德政治哲学的两位主要学者的观点将被考虑：大卫·凯耶特与弗雷德·米勒。他们不仅是研究亚里士多德政治哲学的最权威学者，而且他们关于亚里士多德政治哲学的解释也是当代最新的。本书的目的就是考察亚里士多德政治自然主义面临的争议和批评，进而给出一种辩护，以此来理解他的政治理论。

在方法上，我们可能需要做到以下几个原则：一是"慷慨"原则，也即我们不能以现时代的标准对亚里士多德苛求过多，甚至不严谨地批评亚里士多德；二是对比分析，作为今天的学者去研究古代大思想家亚里士多德的作品就是要从古人那里借鉴智慧，以获得启发，更好地服务于现代社会；三是从亚里士多德哲学的大语境中来研究他的政治哲学。正如我们把政治哲学看作哲学的一个分支，实际上亚里士多德《政治学》中的许多思想概念都需要借助他的其他哲学思想来理解，比如反映在他的《伦理学》、《物理学》和《形而上学》中的思想，总之，这些思想都是相互紧密联系的。

当然，采用一种好的方法论达到我们的目的并非一件容易的事情。当代西方政治哲学特别是政治思想史的发展源远流长，众多哲学家和思想家们的著作和观点都是需要我们去理解和把握的，这是哲学史的基本需要。因此，首先一个困难是如何恰当把握当代政治哲学的主流。另一方面，政治绝不是孤立发生的活动，也不是远离日常生活的"精神楼阁"，所以我们要理解亚里士多德的政治哲学思想，就必须对他所处的时代背景、他的形而上学及其他方面的哲学思想有一定的深入了解。关于亚里士多德政治哲学已有的研究也需要我们借鉴（最近五年关于亚里士多德政治哲学的研究成果并不多，更多地偏向于当代政治哲学主题的研究①），但是，本书将对亚里士多德政治哲学的研究达到怎样的具体目标或具体成果，现在还不得而知，唯一可感的就是以上许多难点需要克服。

① 关于亚里士多德政治哲学研究的更详细文献资料参见斯坦福百科全书的"Aristotle's Political Theory" 词条后面给出的参考文献。

四 研究的思路、内容与结构

（一）亚里士多德《政治学》中的一些问题

“政治的”（political）这个现代术语来源于希腊语“politicos”，意指“关于 polis”，而希腊语词“polis”一般译为“城邦”（city-state）或“城市”（city）。这里需要注意的是，希腊“城邦”有些不同于现代意义的“民族国家”（nation-states），因为像古希腊的雅典和斯巴达等城邦是相对小的并且紧密联系的统一体，其中政治、宗教和文化的关系是相互交织的。亚里士多德关于“政治学”（politics）的语词是“politike”，简称“政治科学”（political science），它属于科学的三个主要分支之一。亚里士多德根据目的或对象将科学区分为三类：（1）沉思的科学（contemplative science）（包括物理学和形而上学）是关于为其自身目的的真理或知识；（2）实践科学（practical science），它拥有善的行为；（3）生产科学（productive science），也即制作有用或美的对象。在亚里士多德看来，由于政治学是关于公民的高贵行为或公民幸福的科学，所以它是一门实践科学，虽然它寻求创造、保存和改革政治制度，类似于生产科学。因此，亚里士多德把政治学理解为规范的或规定性的学科，而不是理解为纯粹经验的或描述的研究。

在《尼各马可伦理学》中，亚里士多德把他的主题描述为政治科学，同时他把政治科学描述为最权威的科学。政治科学规定哪些科学要在城邦中被研究，其他科学，例如军事科学、家庭管理和修辞学，都归到它的权限内。既然政治科学支配其他实践科学，那么其他科学的目的就是达到政治科学的目的的手段，政治科学的目的就是人类的善。“尽管这种善于个人和于城邦是同样的，城邦的善却是所要获得或保持的更重要、更完满的善。因为，为一个人获得这种善诚然可喜，为一个城邦获得这种善则更高尚

（高贵）、更神圣。”① 按照现代哲学家们的区分，亚里士多德的政治科学包含两个领域：伦理学和政治哲学。一般来说，狭义的政治哲学就是亚里士多德的《政治学》中的主题和思想。

《政治学》这部著作其实不能构成一部整体的论文，而是由亚里士多德论述政治哲学中的各个主题的论文或演讲组成，它们之间仅有松散的联系。此外，《政治学》不是亚里士多德自己编纂的，而是由后来者编著的。《政治学》由八卷本组成，这八卷本分别讨论了以下主题：

（1）城邦和家庭的自然性。

（2）对表面上最好的政体（宪法）② 的批评。

（3）政体（宪法）的基本理论。

（4）差等的政体（宪法）。

（5）政体（宪法）的保存和毁灭。

（6）民主政治与寡头政治的深层讨论。

（7—8）未完成的最好政体（宪法）纲要。

以上卷本的顺序反映了政体研究的程序。如果我们之前的学者很好地对待某个特殊观点，那么我们必须尝试评论这个观点。然后，从已经存在的政体中我们必须尝试看到保存和摧毁每种政体的东西是什么，由于什么原因一些城邦管理得很好而其他城邦则管理得很糟糕。经过这样的审查之后，我们也许可以更好地理解什么样的政体是最好的，每种政体有怎样的结构，它使用了哪些法律和习俗。

然而，学者们也提出了《政治学》这部著作的一些问题。第一个问题是构成这本著作的八卷本的顺序。一些学者例如纽曼（W. L. Newman）就质疑传统的顺序，认为最好政体的讨论（第

---

① ［古希腊］亚里士多德：《尼各马可伦理学》，廖申白译注，商务印书馆 2011 年版，1094b7-10，第 6 页。

② 在接下来的讨论中，政体与宪法不做区分。

七卷和第八卷）应该直接放在第三卷之后。[①] 第三卷以过渡到最好政体的讨论结束，这可能是后来编者的做法。然而，《政治学》的不同段落之间的互相参照显示第四卷、第五卷和第六卷形成一个连续的系列，就像第七卷和第八卷形成一个连续系列，但是这两个系列没有互相参照。不过，它们都往后参照第三卷，第三卷又依次参照第一卷。而且，第二卷也往回参照第一卷并往前参照这两个系列。《政治学》可以比喻为一棵树干支撑两个分枝：根部系统是第一卷，树干是第二卷和第三卷，然后树枝是第四、五、六卷和第七、八卷。

第二个问题是关于这些卷本实际的写作顺序。如果它们是在非常不同的时间里写作的话，那么它们可能代表亚里士多德的政治哲学发展过程中不一致的阶段。例如，温纳·加戈尔（Werner Jaeger）认为第七卷和第八卷包含早期的乌托邦主义，促使亚里士多德在创立"逻辑建构的理想国家"过程中效仿他的老师柏拉图；相反，第四卷至第六卷是基于"冷静的经验研究"。[②] 其他学者在第四卷至第六卷中看到一种更实用，甚至马基雅弗利式的政治学进路[③]。这种解释的一个困难是在第四卷中亚里士多德将建构理想政体的事业视作与处理实际政治问题的事业完全相容。虽然加戈尔试图在《政治学》中识别不同年代花费了很多笔墨，但是它没有导致清晰的学术共识，因为《政治学》的各卷本没有明确的写作日期作为证据。

第三个问题是在《政治学》中是否存在学说或方法的不一致。例如，亚里士多德对最好政体的解释假定了他的正义理论，也即不能被他那个时代的实际政治制度（民主和寡头政治）所满足的道德标准。在第四卷至第六卷中他的确讨论了实践的政治改

---

① Newman, W. L, *The Politics of Aristotle*, Vol. 4, Oxford: Oxford University Press, 1887–1902; repr. Salem, NH: Ayer.

② Jaeger, Werner, *Aristotle: Fundamentals of the History of His Development*, Oxford: Oxford University Press, 1948.

③ Aristotle's Political Theory, *Stanford Encyclopedia of Philosophy*, 1998 and 2011.

革，但更多的是根据稳定性而不是正义。一些注释家把第四卷至第六卷看作对其他卷的政治哲学思想的激进偏离，而其他人在这些卷中发现很大的融贯性。① 这个问题的解决需要我们对《政治学》做仔细的整体研究。

（二）亚里士多德《政治学》的基本观点

在亚里士多德看来，政治科学是研究政治家的任务。② 政治家最重要的任务是为城邦设计合适的政体，所以政治家起着立法者的作用。设计合适政体关涉针对公民的持久法律、习俗和制度（包括道德教育体系）。一旦政体确立以后，政治家就需要采取适当措施来维护它，例如必要的时候可能需要修改政体，以防止颠覆政治制度的行为出现。这些活动都属于立法科学的范围，亚里士多德把确立政体这个活动视作比其他日常政治活动更重要的事情。③ 亚里士多德还经常把政治家比作工匠。在一些学者看来，这个类比不恰当，因为政治学在立法学的意义上是一种实践知识，而技艺（如建筑或医药）则是一种生产知识（productive knowledge）。但是，这个类比在某种意义上也是恰当的，因为政治家同样根据普遍原理生产、操作和维护法律制度。④

1. 城邦的产生

在解释亚里士多德的政治思想之前，我们首先来看亚里士多德如何说明国家的起源问题。在亚里士多德那里，这个问题就变成城邦是如何产生的。根据亚里士多德的哲学，一个事物的产生基于四种原因，也即亚里士多德的四因说：质料因、形式因、目

---

① Aristotle's Political Theory, *Stanford Encyclopedia of Philosophy*, 1998 and 2011.

② ［古希腊］亚里士多德：《政治学》，吴寿彭译，商务印书馆 1965 年版，第四卷第 1 章。

③ ［古希腊］亚里士多德：《尼各马可伦理学》，廖申白译注，商务印书馆 2011 年版，第六卷第 8 章。

④ 同上书，第六卷第 8 章、第十卷第 9 章。

的因和动力因。[1] 比如，一个花瓶是如何出现的呢？按照四因说，花瓶是陶工用黏土浇铸成花瓶的形状而后达到它能盛装东西的功能，因此在这个例子里，黏土就是质料因，陶工就是动力因，花瓶的形状就是形式因，盛装东西就是目的因。

那么，根据四因说，城邦又是如何存在的呢？在亚里士多德看来，城邦是一种共同体（community），它由一些部分组合而成，这些部分拥有共同的功能和利益，例如，家庭、经济阶级（富人和穷人）、类群等，但是这些部分最终又是由个体公民组成的。因此，个体公民和自然资源就是构成城邦的“质料因”。城邦的形式因就是城邦的政体。按照亚里士多德的观点，政体是“全城邦居民由以分配政治权力的体系”。[2] 一个共同体（或城邦）历经时间的变化之后是否仍然保持与其自身相同，这取决于它的政体是否保持相同而未发生改变。[3] 所以，政体不仅仅是一种组织形式，而是一种内在的组织原则，就像有机体的灵魂；政体还可以看作公民的生活方式，当然在亚里士多德的时代，公民只是常住人口中少数拥有完全政治权利的人。

城邦的动力因就是城邦的统治者。在亚里士多德看来，如果共同体中有规则可循的话，那么它必须有某种统治要素或统治权威。统治权威要由政体设定，政体同时还为政治部门设立标准。城邦为什么需要政制呢？亚里士多德认为，建立城邦的人为了最大利益而创立政体（宪法），所以国家的建立者也是立法者，例如雅典的梭伦（Solon）或斯巴达的利库古斯（Lycurgus）。在这个意义上，立法者犹如织工或造船者那样的工匠，把质料变成产品。

关于城邦的目的因，亚里士多德在《政治学》的开篇就谈道：“我们见到每一个城邦（城市）各是某一种类的社会共同体，

---

① ［古希腊］亚里士多德：《物理学》，张竹明译，商务印书馆 1982 年版，第二章第 3 节，第 50 页；《形而上学》，吴寿彭译，商务印书馆 1995 年版，第 36—41 页。

② ［古希腊］亚里士多德：《政治学》，吴寿彭译，商务印书馆 1965 年版，1274b36-37，第 112 页。

③ 同上书，1276b1-11，第 121—122 页。

一切社会共同体的建立，其目的总是为了完成某些善业——所有人类的每一种作为，在他们自己看来，其本意总是在求取某一善果。既然一切社会共同体都以善业为目的，那么我们也可说社会共同体中最高而包含最广的一种，它所求的善业也一定是最高而最广的：这种至高而广涵的社会共同体就是所谓‘城邦’，即‘政治共同体’（城市共同体）。”① 这种“善业”在亚里士多德那里意指“善的生活”，因为亚里士多德始终认为善的生活或幸福才是城邦的合适目的，换言之，城邦是为了善的生活的目的而存在，这个主题也是《政治学》中一直强调的。因此，按照四因说，城邦就是在一定领土和政体基础上个体公民的复合物。政体由立法者制定并由政治家支配，它规定城邦的目标。

2. 亚里士多德《政治学》中的几个基本原则

亚里士多德的一般哲学思想深深地渗透在他的政治思想当中，从他的《政治学》著作我们可以看到他的政治哲学思想预设了以下几个一般的哲学原则。

（1）目的论原则。在《政治学》第一卷第2章中，亚里士多德谈到“自然”的概念。“我们如果对任何事物，对政治或其它各问题，追溯其原始而明白其发生的端绪，我们就可获得最明朗的认识。最初，互相依存的两个生物必须结合，雌雄（男女）不能单独延续其种类，这就得先成为配偶，——人类和一般动物以及植物相同，都要使自己遗留形性相肖的后嗣，所以配偶出于生理的自然，并不由于意志（思虑）的结合。”② 在《物理学》中，亚里士多德将事物的本性等同于它的目的因，而事物的目的就是它的功能。植物和动物都是自然存在物的范例情形，因为它们都有解释它们如何存在并产生行为的内在因果原则意义上的本性。例如，一粒橡树种子拥有长成一棵橡树的内在倾向，使得这棵树按其本性存在而不是依靠技艺或偶然存在。同样，人是政治的动

① ［古希腊］亚里士多德：《政治学》，吴寿彭译，商务印书馆1965年版，1252a1-7，第3页。

② 同上书，1252a25-30，第4—5页。

物并适合于在城邦当中生活，这也是人的本性的一部分。目的论原则构成了亚里士多德政治哲学的基础原则。

（2）完善原则（principle of perfection）。亚里士多德依据目的论来理解善与恶，在他看来，有机体的自然目的以及达到目的的手段对于它来说是好的，而妨碍自然目的的东西则是坏的。例如，动物睡觉是为了保存自己，因为睡觉对于不能连续活动的有机体来说是必要的和有利的，这也符合自然目的，因而是一种善。对于人类来说，终极的善或幸福在于完善（perfection），也即人类自然功能的充分获得。亚里士多德根据理性将完善分析为灵魂的活动，也即符合最完善的美德的活动。在政治领域中，每个个体最值得选择的东西总是对他而言能获得的最大善的东西。个体和城邦都要实现这种理想，追求一种美德的生活方式。但是，亚里士多德意识到，完全实现这个理想是不可能的，于是他采用一种次好的接近主义原则：获得完善是最好的，但是没有获得的话，一个事物在它更接近这个目的的程度上是更好的。亚里士多德提出完善主义原则主要是反对普罗泰格拉的主观相对主义。[①] 按照主观相对主义理论，善与恶是通过人类的欲望来定义的。亚里士多德坚持认为善是客观的，并独立于人的希望，在这一点上他赞同柏拉图的观点。但是，他不同意柏拉图根据善的超验形式（即“理念”或“相”）来定义善，他认为善与恶在某种程度上是相对于有机体，也就是说相对于有机体的自然目的。

（3）共同体原则（principle of community）。根据亚里士多德的观点，城邦是最完整的共同体，因为它是自给自足的，使得它能够为了善的生活而存在。[②] 相反，城邦之外的个体不是自给自足的，因为他们不仅为了物质必需品依赖于共同体，而且为了教育和道德习俗依赖于共同体。“人类由于志趋善良而有所成就，成为最优良的动物，如果不讲礼法、违背正义，他就堕落为最恶

① 普罗泰戈拉曾说过“人是万物的尺度”。

② ［古希腊］亚里士多德：《政治学》，吴寿彭译，商务印书馆 1965 年版，1252b27-30，第 7 页。

劣的动物。”[1] 因此，人类必须服从城邦的权威以获得善的生活。

（4）统治权原则。亚里士多德相信任何制度的存在和发展都要求一个统治要素的出现。他认为，无论何时，如果一个事物从许多事物中建立起来并且变成单个共同事物，那么在它当中总是会出现一个统治者和被统治者。这种情况见于自然界有生命的事物，也见于无生命的事物。[2] 动物或植物能够存活和生长只有当它们的灵魂统治它们的身体，同样，人类共同体有这种必然规则，只有当某个统治要素处于权威地位，例如一支军队保有规则只有当一位指挥官来控制它。在灵魂的统治原则这个方面，亚里士多德仍然追随了柏拉图。但是柏拉图认为单一的统治形式可以针对所有人，而亚里士多德则不同意这一点，亚里士多德认为针对不同制度需要不同的统治形式。针对公民需要政治统治，而针对奴隶则需要专制统治，强加不合适的统治形式会导致混乱和不公正。

（5）理性统治原则。亚里士多德继承了柏拉图的观点，即任何时候如果一种制度包含一种理性部分，那么理性统治非理性部分就是合适的，因为只有理性的因素知道什么对于整体才是最好的。亚里士多德观察到不同个体能够以不同方式并在不同程度上例证理性，所以他认为不同的统治模式对于不同的统治者和被统治者来说是合适的。比如，孩子有协商能力，但孩子的这种能力与成人相比是不发达的和不完全的，所以孩子需要父亲作为合适的统治者。然而，对于两个成熟的、有理性能力的成人来说，父亲的统治则是不合适的。[3] 在政治语境下，依赖公民理性能力的不同城邦就需要不同的合适政体。

上述五个原则是亚里士多德政治哲学的核心，它们解释了亚里士多德政治哲学的许多与众不同的特点。按照这些原则，《政

---

① ［古希腊］亚里士多德：《政治学》，吴寿彭译，商务印书馆 1965 年版，1253a31-33，第 9 页。

② 同上书，1254a28-32，第 14 页。

③ 同上书，第一卷第 13 章和第三卷第 6 章。

治学》解释了立法者应该用什么质料并为了什么目的来建立和保存什么形式的政体。此外，着眼于这五个原则，我们也可以评判现当代的政治哲学家们在什么地方偏离了亚里士多德。托马斯·霍布斯就反对亚里士多德的目的论原则和完善主义原则，他认为人类是机械论的系统而不是目的论的系统，并且好与坏（善与恶）取决于评价主体的主观偏好而不是取决于客观事态。自由主义的政治哲学家们则批评亚里士多德的共同体原则，他们认为这个原则向国家（或城邦）割让太多权威。亚当·斯密（Adam Smith）和哈耶克（F. A. Hayek）则批评亚里士多德的统治权原则和理性统治原则，他们认为社会和经济秩序可以自发地产生，就像一只“看不见的手”在引导，尽管柏拉图、亚里士多德和其他哲学家都把这两个原则视作不证自明的。新亚里士多德主义者则针对这些批评进行辩护，或者辩护其中一个原则，或者辩护更多原则。

（三）亚里士多德的政治自然主义

政治自然主义（political naturalism）是亚里士多德政治哲学的基础理论。亚里士多德通过论证城邦和政治统治是“自然的”，从而为他的《政治学》第一卷中的政治理论打下基础。首先，个体的人成对结合在一起，因为他们不能分离存在。比如，男性和女性为了生育结合在一起；主人和奴隶为了自我保存走在一起，（自然的）主人用智力统治，而（自然的）奴隶用身体劳动。其次，家庭为了日常所需自然地从原始共同体中产生出来。再次，当若干家庭为了深层次需要结合在一起时，村庄就出现了，这符合自然。最后，当若干村庄形成完整的共同体也即城邦时，它就达到自给自足。我们可以说，它是为了生活而出现，并为了善的生活而存在。

在《政治学》第一卷第2章中，亚里士多德提出了政治自然主义的三个主张：（1）城邦按其本性而存在，因为它是从更原始的自然团体中产生出来的，并以自身为目的，单独获得自给自足；[①]（2）人类本性上是政治动物，因为自然不会做无用之事，它用语言武装人类，使人类能够交流道德概念（如“正义”），进而形成家庭和城邦；[②]（3）城邦本性上先于个体，因为个人不能脱离城邦来实现他们的自然功能，个人不是自给自足的。[③]与这三个主张相联系的还有第四个主张：城邦是人类理智的创造物。每个人本性上拥有为了这样一种政治共同体的冲动，立法者是最先建立城邦的人，也是带来最大利益的人。城邦的法律制度使人变得公正和有美德，并使人从遭受痛苦的野蛮和兽性中提升起来。[④]

亚里士多德的政治自然主义仍然存在一些问题。首先，他给出的三个主张很难解释，因为它们看起来与亚里士多德在其他哲学领域做出的断言相矛盾。[⑤]其次，他没有解释如何使用“自然”（nature）这个词，因为这个词有时用作“本性”。在《物理学》中，亚里士多德将“自然”理解为运动或静止的根源或原因。[⑥]如果城邦在这种意义上是“自然的”，那么它就类似于植物从一粒种子自然地长到成熟。但是，这无法与亚里士多德赋予立法者作为建立城邦的人的重要作用相协调。[⑦]按照亚里士多德的理论，一个事物或者依据其本性存在，或者依据其技艺而存在，但不能同时依据两者而存在。因此，亚里士多德只能在“自然”的另一种意义上来解释城邦。例如，城邦是为了人类的自然目的而产生

---

① ［古希腊］亚里士多德：《政治学》，吴寿彭译，商务印书馆 1965 年版，1252b28-1253a1，第 7 页。

② 同上书，1253a1-18，第 7—8 页。

③ 同上书，1253a18-29，第 8—9 页。

④ 同上书，1253a29-39，第 9—10 页。

⑤ Elizabeth Siobhan Donoghue-Armstrong, *Teleology, Perfectionism and Communitarianism in Aristotle's Political Naturalism*, PhD dissertation, University of Colorado, 2004.

⑥ ［古希腊］亚里士多德：《物理学》，张竹明译，商务印书馆 1982 年版，192b8-24，第 43 页。

⑦ Keyt, David, "Three Basic Theorems in Aristotle's Politics", In David Keyt and Fred D. Miller, Jr. (eds.), *A Companion to Aristotle's Politics*, Oxford: Blackwell, 1991, pp. 118-141.

于人类生活于共同体中的自然倾向，直到立法者确立政体，城邦才达到完成状态。

（四）亚里士多德的政体理论

亚里士多德在《政治学》第三卷中详细阐释了他关于政体的基本理论。在亚里士多德看来，“政治家和立法者的一切活动或行为显然全都同城邦有关，而一个政治制度原来是全城邦居民由以分配政治权利的体系”。[①] 亚里士多德首先定义“公民”，因为城邦在本性上是一种集体性的实体（collective entity），包含许多公民。公民不同于其他居民，例如外籍居民、奴隶、老人、孩子，甚至大多数普通工人都不是公民。亚里士多德经过分析后把公民定义为“有权利参与审议或司法机关的人”。[②] 在雅典时代，公民有权利参加大会、政务会和其他团体，并组成陪审团。由于公民更直接地参与国家管理，所以雅典的民主制度不同于现代代议民主制度。此外，公民在雅典时代比现代代议民主制度有更多的选举权，不过完全的公民权在希腊城邦中是受限制的，因为妇女、奴隶、外邦人和其他被排除在外的人是没有公民权的。在阐明公民的普遍性质之后，亚里士多德得出以下两个结论：（1）凡有权参加议事和审判职能的人，我们就可说他是那一城邦的公民；（2）城邦的一般含义就是为了要维持自给生活而具有足够人数的一个公民集团。[③]

在给出“公民”和“城邦”的定义之后，亚里士多德又尝试定义“政体”。他把政体定义为一种组织城邦机构特别是主权部门的方式。政体又依次定义管理部门，并有不同的形式。在民主制度中，政体定义的管理者是人民；在寡头政治制度中，管理者是有选择的少数人，也即富人或出身好的人。人类本性上是政治

---

① ［古希腊］亚里士多德：《政治学》，吴寿彭译，商务印书馆1965年版，1274b36-37，第112页。

② 同上书，1275b18-20，第116—117页。

③ 同上书，1275b18-21，第116—117页。

动物，他们自然地想要生活在一起，由此城邦产生出来。城邦产生出来以后，需要政治制度来管理城邦。亚里士多德随后试图区分和评价各种类型的政体。政体是和统治有关的，亚里士多德基于统治者和被统治者灵魂的本性区分了若干类型的统治模式，按照这些统治模式，一个个体或群体可以统治另一个个体或群体。第一种统治模式是专制统治，这种形式的一个典型例子是主奴统治。亚里士多德在《政治学》第一卷中详细辩护了奴隶制，因而也为专制统治做了辩护。但是，亚里士多德没有说明自然的奴隶缺少协商能力，所以需要自然的主人来指导他们。虽然奴隶可以从主人那里受益，但是专制统治仍然主要为了主人的目的，而次要地为了奴隶的目的。第二种统治模式是父权统治或婚姻统治。亚里士多德说道："就天赋说来，夫唱妇随是合乎自然的，雌强雄弱只是偶尔见到的反常事例；犹如年长者指挥年幼者、成年人治理未成年儿童也较为相宜。"[①] 亚里士多德给出的论证是，孩子需要成人监护，因为他们的理性是不完善的或不成熟的；女性虽然有协商能力，但是这种能力没有权威，使得女性需要男性监督。父权统治（即父亲监护孩子）和婚姻统治（即丈夫监护妻子）都是为了被统治者（孩子和妻子）的目的而实践，就像医生为了病人的目的而实践。这些统治模式类似于政治统治，当统治者和被统治者有平等和相似的理性能力时，统治模式就是合适的。亚里士多德以此作为他的政体理论的基础：致力于共同利益的政体是无条件正确的和公正的，而那些只致力于统治者利益的政体是不正确的和不公正的，因为它们涉及专制统治，这对于自由人的共同体来说是不合适的。[②]

亚里士多德观察到，政府通常由一个人、一些人或许多人组成，再按照正确（或公正）与不正确（或不公正）的政体之间的差别，就会有六种可能的政体模式（见表0—1）。

---

① ［古希腊］亚里士多德：《政治学》，吴寿彭译，商务印书馆1965年版，1259b1-3，第36页。

② 同上书，1279a17-22，第135页。

表 0—1 **六种可能的政体模式**

	正确的（正宗政体）	不正确（变态政体）
一位统治者	君主政体（王制）	僭主政体（专制）
少数统治者	贵族政体	寡头政体
许多统治者	共和政体	民主政体

这六种分类来自于柏拉图的《政治家篇》，它为亚里士多德研究最好政体奠定了基础。不过，亚里士多德在《政治学》中进行了一些修改，他观察到寡头政体（即少数人的统治）中的统治阶级是典型的富人，而民主政体（即人民的统治）中统治阶级是穷人，共和政体（polity）则是一种混合的政体模式，它主要表现为“中间”群体的公民的统治，也即一种介于富人与穷人之间的适度富裕的阶级。[①]

亚里士多德的政体理论建立在他的正义理论基础上，而他的正义理论主要在他的《尼各马可伦理学》第五卷中得到论述。亚里士多德区分了两种不同但意义相关的“正义”：普遍正义和特殊正义。这两种“正义”都在他的政体理论中发挥重要作用。“普遍正义”是指“合法性”（lawfulness）并关注政治共同体的共同利益和幸福。[②] 这个概念进一步强化了公正的与不公正的政体之间的差异。正义涉及所有公民的利益，例如每个公民都有私人财产和教育的公正权利。“特殊正义”是指“平等性”或“公平性”，包括分配正义（distributive justice），也即不同个体有分享某些共同财产的公正要求。支持或反对不同政体可以看作分配正义原则的不同应用。在亚里士多德看来，每个人都赞同正义涉及平等地对待相同的人并且不等地对待不同的人，但是人们不赞同每个人可以平等地或不等地值得称赞或帮助。亚里士多德认为，

① ［古希腊］亚里士多德：《政治学》，吴寿彭译，商务印书馆 1965 年版，第四卷第 11 章。

② 同上书，1282b16-17，第 152 页。

正义要求分配给个体的利益与他们的功绩或功劳成比例。[①] 寡头政体不好的地方在于它认为在财富方面优越的人也应该拥有优越的政治权利；民主政体不好的地方在于在出生方面平等的人也应该拥有平等的政治权利。这两种正义观念都是错误的，因为城邦既不是像寡头政体所假设的一种将财富最大化的商业企业，也不是像民主政体所假设的促进自由与平等的协会。根据亚里士多德的观点，善的生活才是城邦的目的，也即一种由高贵行为构成的生活。[②] 因此，贵族政体提供的正义观念才是正确的，它把政治权利赋予那些为政治共同体做出足够贡献的人，也即那些拥有美德以及财产和自由的人。按照亚里士多德的理解，贵族政体就是最好的人的统治，君主政体则是贵族政体的一种极限情形。

政治科学的目的就是指导好的立法者与真正的政治家，所以它必须研究关于它的主题的一些问题。就像体育学研究什么样的训练是最好的或最适合于身体，政治科学则研究一系列政体。在亚里士多德看来，政治科学家们应该研究给定的政体，这种政体最初如何可能出现，它出现后以什么方式可以保存最长时间。因此，政治科学不是局限于理想制度，而是研究次好的政体，甚至低等的政治制度，这可能最接近于完全的政治正义。

亚里士多德在《政治学》中批评他的前辈们关于理想政体的观点，之后在最后两卷中给出他自己的观点。虽然亚里士多德的政治观点受到他的老师柏拉图的影响，但是他也对柏拉图在《理想国》中提出的理想政体做了批评。亚里士多德认为，柏拉图高估了政治统一体并且接受一种对于人性不切实际且有害的共产主义制度，这种制度忽视了个体公民的幸福。[③] 在亚里士多德看来，根据最好的政体，每个公民都拥有道德德性，由此获得一种完全

① ［古希腊］亚里士多德：《尼各马可伦理学》，廖申白译注，商务印书馆 2011 年版，第五卷第 3 章。

② ［古希腊］亚里士多德：《政治学》，吴寿彭译，商务印书馆 1965 年版，1280b39-1281a2，第 1430 页。

③ 同上书，第二卷第 1—5 章。

幸福的生活；所有公民都有政治职位并拥有私有财产，因为我们称一个城邦是幸福的，不是看它的一部分公民而是看所有公民。此外，最好政体提供一种对于所有公民共同的教育制度，因为所有公民分享相同目的。[①]

如果城邦中的居民缺少完全幸福的能力和资源，那么立法者必须创造一种合适的政体。根据亚里士多德的观点，次好的制度采取共和政体（polity）的形式或混合政体，混合政体结合了民主政体、寡头政体和贵族政体的特征使得没有公民可以滥用他的权利。对于达不到理想的城邦来说，最好政体是通过介于富人与穷人之间的大多数中产阶级来控制的政体，因为拥有适度财富的人最容易遵守理性的规则，并且中产阶级相比富人或穷人会相对公正地对待他们的同胞。因此，中产阶级的政体是寡头政体（由富人统治）与民主政体（由穷人统治）两个极端之间的中道。亚里士多德认为，中产阶级的政体很明显是最好的，因为它免于派系斗争，而且中产阶级人数最多，这就保证了在公民中间不会发生派系斗争和分裂。[②] 换言之，中间阶级的政体比寡头政体和民主政体更稳定、也更公正。

亚里士多德把民主政体划归为异常政体（deviant constitution），也即许多坏的政体中最好的政体。亚里士多德讨论了这样一种大众统治的可能，当众人聚在一起的时候多数人统治可能比有美德的少数人统治更好，即使多数人的单个人不如少数人中的单个人德行高尚。亚里士多德在这里似乎认为，如果每个个体有一部分美德和实践智慧，那么许多个体聚在一起就能形成高贵的品质，因而就变成比聪明的个体更好的统治者。

亚里士多德要求政治科学家们关注现存的政体，即使这些政体是不好的政体。修改政治体制也是政治学的任务，这个任务与建立一种政体一样重要。此外，政治家们也应认识到政治变化的

---

① ［古希腊］亚里士多德：《政治学》，吴寿彭译，商务印书馆 1965 年版，第八卷第 1 章。

② 同上书，1296a7-10，第 210 页。

力量，因为它可以破坏现存的政权。亚里士多德批评他的前辈们过于乌托邦主义，忽视了政治家的实践义务。在亚里士多德看来，最好的政体是一种调节性理想，我们可以根据这种理想来评价现存的制度。

第一章　亚里士多德政治哲学的影响因素

任何一位伟大哲学家的思想自有内在的逻辑起点和理性思考，但是这些思想的发源仍然离不开他所处的时代环境、社会历史等文化因素的影响，所以我们探讨亚里士多德的政治思想时也不例外。毋庸讳言，我们对亚里士多德的生活经历都有比较深入的了解。亚里士多德年轻时来到雅典在柏拉图学园学习，柏拉图去世后他离开雅典在小亚细亚半岛地区度过一段时光。此后，他在公元前 343 年返回家乡马其顿共和国，公元前 335 年又回到雅典并在吕克昂（Lyceum）创立自己的学园。亚历山大大帝逝世后，亚里士多德由于受到雅典人关于他不敬神的指控，遂离开雅典的学园，逃到附近的哈尔基斯（Chalcis）（希腊东南部港市），大约一年后在那里因病死去。亚里士多德所遗留下来的大多数著作都是在吕克昂学园中为讲学而写并被汇编成集。后世学者认为亚里士多德最有影响的政治理念是：他把人性及其发展与政治活动联系起来，同时将这些置于政体的约束之下，而且在政治体制的约束下有德性的公民可以轮流统治和被统治。①

① 参见 Aristotle's Social and Political Philosophy, Forthcoming, Manuscript from Internet。

第一节　雅典的政治环境

一　雅典的民主政治

古代希腊是一个由城邦组成的松散“国家”，雅典是其中一个最典型和发展最为成熟的城邦，并在希腊城邦中居于统治地位，它的主权属于全体公民。雅典在公元前635年到公元前508年之间的100多年，经过暴动、立法、改革、僭政和再改革等一系列复杂曲折过程，完成了从贵族制到民主制的过渡，其中发生的最重要的两次改革是梭伦改革和克利斯提尼改革。[①]

那么，雅典的民主制度有怎样的特征呢？雅典城邦主要由三大社会集团构成：（1）公民，他们生来即是城邦的主人，参与并主宰城邦的公共生活；（2）外邦人，他们不能参与公共生活，但是自由人，有独立人格、家庭和财产，不受社会歧视；（3）奴隶，他们人数最多，但没有独立人格和政治权利。[②] 公民的人数很少，不超过30000人，而在召开公民大会时参加的人数平均约为6000人。公民团体之所以是城邦的统治者，因为他们享有制定国家法律和决定重大国家政策的权利，例如宣布战争、讲和、批准条约、规定宗教大典的礼仪等，此外，他们还对有关民事和刑事的案件、官吏的任免和惩罚有重大的决定权。在立法方面，立法机关的人员约为500人，分为10部，各部共选出50人组成一个团体，履行主席团的职责，但任期只有35天，主要负责处理该段时间内公民大会应处理的事务。更特别的是，主席团抽签决定一名主席，但任职时间只有24小时。主席再从其他非主席团的9个部中各选出一人，由这10人一起处理公民大会的议程等事宜。

以上是对雅典民主制度的一个简要概述，这项制度也是经过

---

① 张桂琳：《西方政治哲学——从古希腊到当代》，中国政法大学出版社1999年版，第6页。

② 同上书，第5页。

一系列改革后定型的。陈康教授在《论希腊哲学》中对古代希腊的民主做了讨论。[①] 陈康教授认为，雅典的民主制度有两点值得注意：一是选举用抽签的方式进行，除却武职以外；二是同一职位人数很多，但任期很短。其目的，一是“为了保证公民政治上的平等，因为抽签乃是盲目的决定，一切公民当选的机会完全均等”；二是“为了预防一人或一部在政治上独占势力，这所以保障公民的自由”。[②] 尽管雅典的民主制度是经过周详思考和多方考虑产生出来的，但是我们很难找到这种政治制度的理论基础。雅典的政治家伯里克利只是正面地赞扬民主制，他认为民主制的基本特征是“政权掌握在全体公民手中，而不在少数人手中”[③]。伯里克利总结民主制的三个原则：“（1）自由，即政治生活公开，公民自己决定自己的政策；（2）法治，即人人都应遵守法律，因为法律使人心服口服；（3）平等，即法律对所有的人都同样公正，财富的多少并不影响公民的政治权利。”[④] 然而，伯里克利只是在叙述和颂扬雅典的民主政治，而没有阐述一种基于理性的民主政治哲学。希腊民主政治的理论基础唯有追溯到普罗泰戈拉的一段神话：“神既创造了人和其它动物以后，于是分给它们各种特长，以保全它们的生命。有些动物有坚甲，有些有利齿，有些能飞，有些善跑。然而这些特长却无一种分给人类。为了人类免于灭亡，神乃分给他们敬畏与公平两种性质：这两种性质乃是团体生活的基础。因为每个人皆从神获得这两个优点，所以每一公民皆有权利参加政治。”[⑤] 当然，这个神话不能视作雅典实行民主制度的理论基础，仅能看作一种制度实施之后的辩护。

① 汪子嵩、王太庆编：《陈康：论希腊哲学》，商务印书馆 2011 年版，第 522 页。

② 同上书，第 523 页。

③ ［古希腊］修昔底德：《伯罗奔尼撒战争史》，谢德风译，商务印书馆 1960 年版，第 130—131 页。

④ 张桂琳：《西方政治哲学——从古希腊到当代》，中国政法大学出版社 1999 年版，第 8—9 页。

⑤ 汪子嵩、王太庆编：《陈康：论希腊哲学》，商务印书馆 2011 年版，第 524 页。

二　希腊哲学家对雅典民主制的批评

尽管我们未能找到雅典民主制度的理论基础，但是我们可以从后续哲学家们对雅典政治制度的批评中窥见一斑。同时，从这些批评中，我们也可以推测雅典的政治制度对亚里士多德政治思想形成的重要影响。首先是苏格拉底的批评。普罗泰戈拉的神话在某种意义上可以解释一切公民有权利参加政治，但不能说明所有公民都有能力参加政治。苏格拉底正是从此处看到雅典民主政治的弊端。苏格拉底在哲学上努力区分知识与意见，认为知识只为少数有德性的人所拥有，治国者只应该是那些拥有管理知识和艺术的人，而不是由世袭权力、靠抽签、暴力或欺骗得到权力的人来治理。举例说，公民大会讨论关于建屋或造船的技术事项时，只有木匠和造船匠的话才有决定性，因为他们才有这方面的专门知识，而不是外行人或其他职业的人的意见。同理，公民大会讨论政治问题亦是如此。但是在雅典民主制的政治环境下，情况恰好相反，与会之人皆可随意发表意见。在苏格拉底看来，处理一类事项需要一类专门知识。"如将专门家和门外汉置于同一水平线上，以多数人的意见作政治问题的最后决定，事情必然搞糟。"[①] 我们知道，雅典政治的这种弊端也正好应在苏格拉底自己身上，他自己就是被雅典的公民大会以不信神和毒害青年的罪名判处死刑。

柏拉图和亚里士多德对雅典政治制度的批评则集中在"平等"方面，平等是伯里克利所总结的雅典民主制的三原则之一。在柏拉图看来，当一切官吏由抽签选举时，民主政治诞生了，但这样的平等乃是将相等的机会平均分给不相等的人。亚里士多德在伦理学思想中，区分公平为"关于分配权利方面的"和"纠正过错方面的"。"分配权利应以个人价值为比例，方是公平。纠正

① 汪子嵩、王太庆编：《陈康：论希腊哲学》，商务印书馆2011年版，第525页。

过错则一视同仁，不以违犯者的身份地位而定高下方是公平。”①无论是柏拉图还是亚里士多德，他们都认为人的价值是不相等的，至少雅典的民主制度以抽签选举官吏来保障公民政治上的平等，违反了分配方面的公平。简言之，雅典政治制度中的平等是不公平的。

最后，我们再看柏拉图对雅典民主制另一原则——“自由”的批评，这种批评也或多或少会对亚里士多德产生影响。在柏拉图看来，雅典民主政治中的自由其实只能算作“无统治”。在《理想国》中，柏拉图主张国家的统治者应该是极少数禀赋优异，并经过专门的训练和长期的高深教育之人来担任，而大多数人都是没有受过这种专门而长期的政治知识和智慧的教育和训练的。但是，雅典的民主政治实情却与柏拉图《理想国》中描述的刚好相反，它为杜绝独裁和特殊阶级的专制，而把政治机会均等地分配给各位公民。此外，柏拉图还认为，正如个人就像国家的缩影，民主政治的国家也如同一个被欲望支配的个人。在这个缩写的个人中，欲望而不是理智统治着这个人的内心。如果理性不能管制人的内心，而任凭欲望奴役，这个由个人所扩及的国家模型中的自由，实际上是空洞和虚无的。按照雅典的政治制度，权力掌握于公民大会，公民总数约为30000人，而每次出席大会的仅6000人，这就意味着国家的权力其实掌握于这6000人当中，由此带来的后果是努力且辛勤工作的人常常无法出席公民大会，能出席大会的只能是懒惰无知的公民。因此，优秀且有治国才能的公民却被玩弄政治技巧的人所统治。

第二节　柏拉图的政治哲学思想

作为亚里士多德之师的柏拉图对政治哲学有过广泛且系统的

① 汪子嵩、王太庆编：《陈康：论希腊哲学》，商务印书馆2011年版，第525页。

研究，他的政治哲学思想分别体现在他早期著作《理想国》（或《国家篇》）、中期著作《政治家篇》和晚期著作《法律篇》当中。在《理想国》中，柏拉图系统地论证了治国者需要经过长期的各方面训练和最艰深高端知识的教育，而唯有哲学家才能担负这一重任。这种“哲学王”的理想在中期著作《政治家篇》中被弱化，柏拉图转而强调法律的作用，特别是通过法律来对政体进行分类。在晚期的著作《法律篇》中，他进一步强化了法律在社会改革中的角色，认为“人类必须有法律并且遵守法律，否则他们的生活将会像最野蛮的野兽那样坏”①。

为了本书的目的，我们在此不去分门别类地具体详述柏拉图各个时期的政治哲学著作中的政治思想。政治哲学的核心议题归根结底仍然是围绕国家及最好政体的问题，因此，我们从论述“国家”的角度将柏拉图的政治哲学思想划分为以下几个方面。

一　柏拉图的国家起源思想——社会分工论

个人在生活中的需要导致社会分工，进而导致国家产生。柏拉图在《理想国》中说道：“在我看来，之所以要建立一个城邦，是因为我们每一个人不能单靠自己达到自足，我们需要许多东西。……我们每个人为了各种需要，招来各种各样的人。由于需要许多东西，我们邀集许多人住在一起，作为伙伴和助手，这个公共住宅区，我们叫它作城邦。”② 关于社会分工，柏拉图进一步指出，我们应该根据每个人的不同天赋来安排他应从事的职业和工作，扬长避短，毕其功于一役。在一个健康的国家中，不同职业的人分工合作，但又专司一事，这样才是健康的国家。

柏拉图实际上已经暗地里指出国家是自然产生的思想，这与亚里士多德关于城邦自然存在的思想是可以联系起来的。例如，

① 转引自张桂琳《西方政治哲学——从古希腊到当代》，中国政法大学出版社 1999 年版，第 8—9 页。

② ［古希腊］柏拉图：《理想国》，郭斌和、张竹明译，商务印书馆 1986 年版，第 58 页。

柏拉图在《法律篇》中就将人类早期所处的独居的家庭生活状态称作“自然”世纪。后来，若干家庭居住在一起组成村落，若干村庄又被联合起来形成城邦，国家也就由此诞生。柏拉图关于国家起源的社会分工理论，应该说十分接近亚里士多德关于城邦起源的“自然生成论”。亚里士多德在《政治学》第一卷中就主要阐述城邦的由来。在亚里士多德看来，城邦的产生是为了最高且最广的善业。[①] 但如果真要对城邦追根溯源的话，我们可以看到城邦经历家庭和村庄的发展历程。男女为延续种类（遗留形性相肖的后嗣）形成配偶，所以配偶出于生理的自然。其次，还有统治者（主人）和被统治者（奴隶）的结合，统治者理智且遇事有远见，而被统治者具有体力且能担任由他人远见所安排的劳务。“男女同主奴这两种关系的结合，首先就组成‘家庭’。”[②] 家庭是人类满足日常生活需要而建立的社会的基本形式，为了适应更广大的生活需要而由若干家庭联合组成的初级形式便是“村庄”（“村坊”）。“村坊最自然的形式是由一个家庭繁殖而衍生的聚落。”[③] 亚里士多德继续说道：“等到由若干村坊组合而为‘城邦’，社会就进化到高级而完备的境界，在这种社会团体以内，人类的生活可以获得完全的自给自足；我们也可以这样说：城邦的长成出于人类‘生活’的发展，而其实际的存在却是为了‘优良的生活’。早期各级社会团体都是自然地生长起来的，一切城邦既然都是这一生长过程的完成，也该是自然的产物。”[④]

二 柏拉图的阶级构成思想——森严的等级制

在柏拉图的国家理念中，一个理想的国家应该是公正的国家，它应该具智慧、勇敢和节制三要素于一身。当然，不同的人具体

---

① ［古希腊］亚里士多德：《政治学》，吴寿彭译，商务印书馆 1965 年版，1252a1-7，第 3 页。

② 同上书，1252b10，第 5 页。

③ 同上书，1252b16-17，第 6 页。

④ 同上书，1252b27-32，第 7 页。

体现着不同的要素，例如农工更多地体现节制的品性，士兵更多地体现勇敢的品性，而治国者（哲学家）则更多地表现出智慧的品性。在柏拉图的理想国家中，各阶级形成严格的等级，因而具备上述不同要素的人就分属不同的社会等级，形成一种类似金字塔式的国家结构，这又进一步依据人的本性和社会分工来划分。构成国家的智慧、勇敢和节制三要素分别对应着人性中的理性、意志和情欲，“理性具有智慧，意志发展为勇敢，情欲则应以节制”[①]，且理性的层次最高，意志次之，而情欲居于最低层次。进一步而言，这三种本性使人类在社会活动中产生三个相应的层次分明的等级：“单纯追求感官的满足和肉体的享乐者；追求荣誉和成就者；专心陶冶理性和追求真理者。”[②] 这三个等级又对应着理想国家的三个阶级：理性对应国家的统治阶级，管理国家；意志对应武士阶级，保卫国家；情欲对应劳动阶级，供养国家。只有当这三个阶级的人被安排在相应的工作岗位上，各就其位，各司其职，国家才能获得正义的德性。“因此，……木匠做木匠的事，鞋匠做鞋匠的事，其他的人也都这样，各起各的天然作用，不起别种人的作用，这种正确的分工乃是正义的影子。”[③] “如果一个人天生是一个手艺人或者一个生意人，但是由于有财富、或者能够控制选举、或者身强力壮、或者有其它这类的有利条件而又受到蛊惑怂恿，企图爬上军人等级，或者一个军人企图爬上他们不配的立法者和护国者等级，或者这几种人相互交换工具和地位，或者同一个人同时执行所有这些职务，我看，你也会觉得这种交换和干涉会意味着国家的毁灭。”[④]

亚里士多德并没有接受柏拉图的这种等级森严的国家阶级构成说。相反，既然城邦是人类社会自然发展的产物，而城邦之目

---

① 王岩：《柏拉图、亚里士多德政治哲学比较研究》，《政治学研究》2001年第4期，第35页。

② 同上。

③ ［古希腊］柏拉图：《理想国》，郭斌和、张竹明译，商务印书馆1986年版，第172页。

④ 同上书，第156页。

的在于使它的公民能够过最优良的生活，所以，“城邦只是同等的人们间的社会组织；又，城邦的目的是人类所可能达到的最优良生活”①。由此可见，在亚里士多德的城邦国家中，不存在柏拉图那种等级分明的社会阶级。城邦的生存和发展有赖于粮食供应、制造工具的技艺、维护城邦秩序的武装、库藏的财产和祭祀以及议事和司法职能机构。相应言之，为了城邦生活的需要，城邦内就应该有生产粮食的农民、制造工具的工匠、维持秩序的武装、有产阶级和祭祀以及裁决公众事务的团体。此外，这种职业权力的分配遵照自然的秩序，例如公民中的青少年从事军事，老年者才从事敬神的职司。然而，即便如此，在亚里士多德看来，只有有产阶级并参加司法事务和治权机构的人们才称得上真正的公民，“农民和工匠只是为城邦的经济服务的从属阶级，理性城邦显然不能以从事贱业为上而行动有碍善德的工匠和商贩为公民，忙于田畴的人们也不能作为理想城邦的公民”②。因此，从某种意义上看，亚里士多德将农民和工匠两个阶级排除在统治阶级之外仍然或多或少地受到柏拉图阶级思想的影响，或者说是对柏拉图思想的一种直接继承。③

三　柏拉图的所有制思想——共产制

尽管柏拉图对理想国中的阶级进行等级分明的划分，但是整个国家的建立并不是为了其中某个阶级的单独福祉，而是为了全体人民的福祉。理想国中的所有阶级有一个共同特征，那就是不允许私有财产的存在。在柏拉图看来，“一个社会是否合乎正义与公道，衡量的标准之一就是看它的贫富悬殊是否过大”，“而私

---

① ［古希腊］亚里士多德：《政治学》，吴寿彭译，商务印书馆 1965 年版，1328a36－38，第 370 页。

② 王岩：《柏拉图、亚里士多德政治哲学比较研究》，《政治学研究》2001 年第 4 期，第 36 页。

③ 同上书，第 37 页。

有财产之下没有好的执政者甚至会毁灭社会”。[1] 理想国建构的过程几乎是一种消灭私有制而实行“共产制”的过程，始终坚持国家利益至上的原则。譬如，关于第二等级的护卫者，柏拉图说道，“……我想我们曾经说过，我们的护卫者不应该有私人的房屋、土地以及其它私人财产。他们从别的公民那里，得到每日的工资，作为他们服务的报酬，大家一起消费。真正的护卫者就要这个样子”。[2] 因此，在柏拉图的理想国家里，私有财产被完全消灭，一种全民所有的“公有制”或“共产制”被建立起来。对任何一件物品，它都不属于某一特定个人，任何人都可以声称对它拥有所有权。换言之，在理想国里，不存在“我的”与“非我的”之分，每个人的生活境遇和环境感触都是相同的，于是贪念和私欲、嫉妒和愤恨以及争权夺利的越轨行为都不会产生，人与人之间可以平和融洽地相处。

柏拉图在后期著作《法律篇》中似乎又在某种程度上肯定了私有制的必要性。他认为，“首先，公民们必须分配土地和房屋；他们务必不能共同耕作，这种共同耕作的做法，对于像我们那样生、养和受教育的人来说是要求太高了”[3]。柏拉图关于所有制思想的转变影响了亚里士多德。在《政治学》中，亚里士多德谈道，“就柏拉图（苏格拉底）所企求的目的说，这种妇孺归公的社会毋宁实行于（被统治的）农民之间，不应该实施于（统治阶级的）卫国公民。在妇孺公有的社会中，‘友爱’的精神一定削弱，而被统治阶级减少相互间的友谊恰恰有利于服从而免得他们试作反叛的图谋”[4]。亚里士多德是从友爱精神出发来批评柏拉图

---

① 王岩：《柏拉图、亚里士多德政治哲学比较研究》，《政治学研究》2001 年第 4 期，第 37 页。

② ［古希腊］柏拉图：《理想国》，郭斌和、张竹明译，商务印书馆 1986 年版，第 200 页。

③ 转引自王岩《柏拉图、亚里士多德政治哲学比较研究》，《政治学研究》2001 年第 4 期，第 38 页。

④ ［古希腊］亚里士多德：《政治学》，吴寿彭译，商务印书馆 1965 年版，1262a1-b4，第 51 页。

的理想国制度的，因为人们之间的友爱可以消除彼此间的愤恨和内斗，进而达到柏拉图所理想的和谐状态，因此友爱常被人们当作城邦最主要的善德。如果这种友爱精神被削弱，那么柏拉图所倡导的制度能够取得的效果只会事与愿违。“至于在政治组织方面，过度企求一致的结果，境况就大不相同了：这里，友谊犹如水那样的淡泊。”① 亚里士多德还注意到，城邦之中属于大多数人的公共事物反而得到人们的最少关注和照顾，每个人都只会关注有利于自己的事物而将照顾公共事物的责任寄希望于他人，因而，公共的东西常常被忽视。这样一来，要实现城邦内的居民过上优良生活，完全公有的制度显然是不利的。

四　柏拉图的治国之道——哲学王统治

在柏拉图的理想社会中，处于最高等级的少数人才是真正的国家统治者，因为他们经过严格的选拔并经过治国之术的教育，具备真正的知识和智慧。这少数人就是柏拉图所言的哲学王：“除非哲学家成为我们这些国家的国王，或者我们目前称之为国王和统治者的那些人物，能严肃认真地追求智慧，使政治权力与聪明才智合而为一；那些得此失彼，不能兼有的庸庸碌碌之徒，必须排除出去。否则的话，……对国家甚至我想对全人类都将祸害无穷，永无宁日。”② 哲学家们所具有的智慧、知识、品德、能力都是其他等级的人所不及的，因此，唯有哲学家才是最为理想的统治者。由于哲学家可以洞悉万事万物的真理和理想国家应该遵循的正义，所以哲学家制定的宪法和法律，以及他要求城邦居民所采取的行为才能符合正义和至善的原则。因此，在柏拉图的理想国里，作为最高统治者——哲学家的作用似乎超过宪法和法律的作用，因为宪法也应符合那永恒不变的正义原则，这要依靠

① ［古希腊］亚里士多德：《政治学》，吴寿彭译，商务印书馆 1965 年版，1262b15-16，第 52 页。

② ［古希腊］柏拉图：《理想国》，郭斌和、张竹明译，商务印书馆 1986 年版，第 214—215 页。

哲学家来制定，而不是诸多法律条文被强加在哲学家身上。

柏拉图在后来的《法律篇》中又重新肯定了法律的作用，甚至看到“没有法律，人类和最野蛮的动物就没有任何区别”。然而，当有能力的统治者出现时，法律的统治仍然要让位于有能力的统治者来统治，这是由于“没有任何法律或条例比知识更有威力”。与柏拉图不同，亚里士多德似乎比较强调法律在治理城邦过程中的作用。亚里士多德在谈到贵族政体时就说道，“我们应该注意到邦国虽有良法，要是人民不能全都遵循，仍然不能实现法治。法治应包含两重意义：已成立的法律获得普遍的服从，而大家所服从的法律又应该本身是制订得良好的法律。人民可以服从良法也可以服从恶法。就服从良法而言，还得分别为两类：或乐于服从最好而又可能订立的法律，或宁愿服从绝对良好的法律。（贵族政体这个名词如果引用到法治的意义上，应该主要是指已经具备较好的法律的城邦）”①。从中我们可以看到，亚里士多德意义上的法治，不仅需要良好、健全的法律，还需要民众的普遍服从；为保持法律的权威，法律不能随意废改。法治优于人治（即使是最有能力的统治者）的地方在于：第一，法治更公平，法律不受人的诸多主观因素影响，更多体现理智的作用，因而可以消除人治受感情等因素带来的不公；第二，法律更具普遍性，反映大多数人的意见；第三，法治更能保持国家的稳定；第四，法治更有效率。

五　柏拉图的理想政体——贤人政治

柏拉图首先区分了四种政体：荣誉政体、寡头政体、民主政体和僭主政体。荣誉政体过于尚武而不爱和平；寡头政体常被虚荣势力操纵；民主政体容易导致混乱；僭主政体常常导致暴政。因此，这四种政体都不是理想政体，柏拉图的理想政体仍然是哲

① ［古希腊］亚里士多德：《政治学》，吴寿彭译，商务印书馆 1965 年版，1294a3-10，第 202 页。

学王的统治，也即“贤人政治”。“一人统治而无宪法必变为暴君统治；有宪法而非一人统治又类似贵族统治；贵族统治而无宪法，又是寡头统治。所以，好的政体应是贤人政治，同时辅之以宪法。”① 亚里士多德在分析许多种政体的弊端后主张最理想的政体应该是中产阶级执政的共和政体。依照统治者的多少以及是否照顾城邦的共同利益，现存政体可以区分为六种：君主政体、僭主政体、贵族政体、寡头政体、共和政体以及平民政体。其中，共和政体是理想政体。共和政体崇尚中庸，而亚里士多德视中庸为一种美德，是“国家绝对不应忽视的公理”，是“适用一切政体的公理”，“凡离中庸之道愈远的品种也一定是恶劣的政体”。② 富人支持寡头政体压迫平民，平民则建立民主政体压制富人，这两类政体都趋向极端，远离中庸，容易导致社会失衡。中产阶级可以缓和富人与穷人之间的对立，中产阶级建立的共和政体可以同时照顾富人和穷人的利益，因而能够使社会保持平衡，不趋向极端，也最为稳定和持久。“据我们看来，就一个城邦各种成分的自然配合说，惟有以中产阶级为基础才能组成最好的政体。中产阶级（小康之家）比任何其它阶级都较为稳定。他们既不像穷人那样希图他人的财物，他们的资产也不像富人那么多得足以引起穷人的觊觎。既不对别人抱有任何阴谋，也不会自相残害，他们过着无所忧惧的平安生活。”③

总而言之，正如亚里士多德的哲学思想是建立在对柏拉图哲学思想的批判与反思基础之上，同样，柏拉图的政治哲学思想也深刻地影响着亚里士多德的政治哲学思想。“从理论基础上看，苏格拉底——柏拉图式的政治哲学主要在知识与意见的对立当中思考哲学对政治的正确塑造，试图在政治生活之外，即超越于意

① 转引自王岩《柏拉图、亚里士多德政治哲学比较研究》，《政治学研究》2001年第4期，第42页。

② 同上书，第43页。

③ ［古希腊］亚里士多德：《政治学》，吴寿彭译，商务印书馆1965年版，1295b28-33，第209页。

见性政治生活之上的理念世界中，寻找政治‘正确性’的普遍性标准。”[①] 亚里士多德在批判柏拉图这种超越并统摄一切事物的“至善”理念基础上，主张从不同的具体的存在之物和“善”的东西中来理解那普遍的“理念”，进而“区分不同学科知识，研究城邦政治之自然（政治学对象），试图回到政治本身，建构一种建立于政治事物本身的知识的基础之上的，或者说政治事物‘第一原则’（自然）的基础之上的政治科学”[②]。因此，亚里士多德的政治哲学思想可以说源于对柏拉图哲学思想的一种形而上学批判。亚里士多德对政治的讨论不只是基于一种抽象意义，而是基于对希腊现实政治的积极思考。当然，亚里士多德谈论政治的方式仍然摆脱不了柏拉图的影子，他仍然继承了柏拉图那种“从某种知识或‘第一原理’出发，演绎性地理解和建构政治生活”，相信“在政治生活中只有一种唯一正确的、普遍的语言表达方式”。[③] 柏拉图所依赖的知识来源于超政治的理念世界，它对政治的塑造是自上而下的相对性塑造，而亚里士多德所依据的知识来源于政治生活本身，它对政治的塑造是自下而上的改造，两者都保有着一种“理想性”。[④]

第三节 亚里士多德的形而上学与伦理学

广义意义上的亚里士多德的政治哲学思想反映在他的三部著作中：《政治学》、《雅典政制》和《尼各马可伦理学》。《政治学》这部著作最集中地反映了亚里士多德的政治哲学思想，因而也可算作体现狭义意义上的亚里士多德的政治哲学。但是，这部

① 余友辉：《从修辞学角度看亚里士多德政治哲学的理想与现实》，《南昌大学学报》（人文社会科学版）2012 年第 3 期，第 87 页。

② 同上。

③ 同上书，第 88 页。

④ 同上。

著作的缺陷在于它的结构很不清晰，似乎只能算作被人汇编在一起的一部讨论政治哲学中各种主题的论文集。《雅典政制》据说是亚里士多德与其学生们调查研究希腊158个城邦国家的宪法和政治制度后写的一系列著作中唯一保存下来的一部。[①] 而《尼各马可伦理学》则是理解亚里士多德政治哲学必不可缺的著作，因为亚里士多德将政治问题与伦理问题在这部著作中紧密地联系在一起。在亚里士多德之前的希腊哲学家那里，政治问题与伦理问题的讨论似乎没有区分（例如，柏拉图的《理想国》），而亚里士多德则对两者做了相对分离，这体现为他有专门的政治学著作来讨论政治问题，也有专门的伦理学著作来讨论伦理学问题。不过，政治学与伦理学的彻底分离还要等到近代马基雅弗利的《君主论》（1513年）之后。在此，我们有必要探索一下亚里士多德的伦理学思想对其政治哲学思想的影响。在后续的讨论中，我们会进一步发现这一点。

关于亚里士多德的伦理学与政治学的关系，很多学者早已注意到这一点，并且有许多可能的方式来讨论两者之间的关系。按照贾格尔（Jaeger）和阿伦（Allan）的方式，如果我们根据自己支持的亚里士多德的思想发展史的脉络，尝试定位亚里士多德的每部伦理学著作，同样我们也可依照这种方式定位《政治学》，而且《优台谟伦理学》与《尼各马可伦理学》在学说上比亚里士多德的其他伦理学著作更接近他的《政治学》。[②] 而按照阿德金斯（A. W. H. Adkins）的方式，亚里士多德的伦理学与政治学著作应该一起阅读，并且只有如此，他的政治学和伦理学思想才能得到恰当理解。[③] 阿德金斯对此曾给出过令人信服的分析。在这里，我们姑且按照自己的方式来分析亚里士多德的伦理学对他的政治

① 张桂琳：《西方政治哲学——从古希腊到当代》，中国政法大学出版社1999年版，第25页。

② W. Jaeger, *Aristotle*, Translated by R. Robinson, Oxford: Clarendon Press, 1948; and D. J. Allan, *The Philosophy of Aristotle*, London: Oxford University Press, 1952.

③ A. W. H. Adkins, "The Connection between Aristotle's Ethics and Politics", *Political Theory*, Vol. 12, No. 1, 1984, pp. 29-49.

学思想的影响。

在《尼各马可伦理学》的开篇，亚里士多德就说道，“每种技艺与研究……都以某种善为目的。……由于活动、技艺和科学有许多，它们的目的也就有多种。……如果在我们活动的目的中有的是因其自身之故而被当作目的的，我们以别的事物为目的都是为了它，如果我们并非选择所有的事物都为着某一别的事物……，那么显然就存在着善或最高善。……看起来，它是最权威的科学或最大的技艺的对象。而政治学似乎就是这门最权威的科学。”[①] 在《尼各马可伦理学》的结尾处，亚里士多德在指导学生们从哪里以及如何获得立法学的知识时，直接将学生们引导至他的《政治学》著作。[②]《政治学》的第二卷到第八卷正是讨论城邦及城邦的法律，而第一卷并没有提到立法。亚里士多德将《尼各马可伦理学》的读者引至他的《政治学》，更充分地说明了他的伦理学思想与政治思想存在非常紧密的联系。

在《政治学》的第一卷，亚里士多德花费很大的篇幅来辩护他的自然奴隶理论，也即一些非希腊人是自然奴隶，应当被自然的统治者所统治，如同身体应被灵魂统治一样。[③] 亚里士多德在《政治学》第一卷中如此关注奴隶制的理由暂时还不得而知，不过第一卷可以视作他论述立法的著作的导言。亚里士多德在这一卷中提到了一个观点：政治家、君主、家庭管理者以及奴隶的主人所拥有的专门知识是相同的，也即政治学的艺术。这个观点是柏拉图在《政治家篇》中所支持的，但是亚里士多德反对这个观点。在亚里士多德看来，关于实践政治的艺术存在某种不同并特别有价值的东西，使得政治生活对于人而言是一种善的生活。然而，柏拉图在理想国中将政治的专门知识当作哲学家理论智慧的

---

① ［古希腊］亚里士多德：《尼各马可伦理学》，廖申白译注，商务印书馆 2011 年版，1094a1-b1，第 1—4 页。

② 同上书，1180b29-1181b22，第 346—348 页。

③ ［古希腊］亚里士多德：《政治学》，吴寿彭译，商务印书馆 1965 年版，1252a30-b9，1254a14-1255a2，第 5 页，第 13—16 页。

产物，因而政治统治的责任自然降临在哲学家身上。相反，亚里士多德则认为，政治家、君主、家长和奴隶的主人所具有的专门知识之间存在差异，因为在这些情形中被统治者的特征是不同的，所以需要不同的专门知识。比如，奴隶的本性不同于自由人，奴隶属于主人好比身体属于灵魂，奴隶只能理解主人的指令而不能像主人那样发布指令，因此，统治奴隶的方式就不同于统治自由人的方式。

亚里士多德关于政治统治的最好方式通过他在《政治学》第一卷中表达的几个主张体现出来：家庭从属于城邦并且经济学从属于政治学；人本性上是政治的（动物）；城邦是自然的。在亚里士多德看来，家庭和村庄是城邦的一部分，城邦在最大程度上实现人的目的。换言之，城邦不仅使生活成为可能，而且使更好的生活成为可能[①]，城邦是从家庭和村庄进化而来的。亚里士多德肯定了家庭的地位，这不同于柏拉图在《理想国》中废除家庭而直接把个人或阶级当作城邦的部分。统治家庭的专门知识仍然属于政治学的艺术，我们已经看到亚里士多德在《尼各马可伦理学》中将政治学的艺术看作最权威的专门知识，不过，管理家庭的专门知识被称作经济学。家庭包括个人和财产，是致力于获取和消费事物、住所等生活必需品的机构。亚里士多德区分事物的使用价值与交换价值，前者指人根据事物的本性来使用它，后者指人在交换其他商品的过程中来使用它。为此，亚里士多德还进一步追溯了货币和贸易的历史。

经济学仅仅是为了生活，而政治学则是为了更好的生活，在什么意义上可以这么说呢？亚里士多德认为，人本性上是政治的，因为人们渴望生活在一起，即使人们之间不需要相互帮助。[②] 既

① ［古希腊］亚里士多德：《政治学》，吴寿彭译，商务印书馆 1965 年版，1252b29-30，第 7 页。

② 同上书，1278b20-23，第 133 页。

然人本性上是政治的，友谊就属于最幸福的生活。[①] 所以，亚里士多德赞成柏拉图在《理想国》中所言的“城邦的产生由于我们不是自给自足的，而且因为我们彼此需要对方”，同时亚里士多德更进一步认为城邦现在也是为了更好地生活而存在。关于幸福，亚里士多德在《尼各马可伦理学》中论证，人类的幸福在于我们在政治活动中表达正义、勇敢、节制和智慧的德性。政治活动使我们能以两种方式更好地生活：一是使我们的群体更好；二是使我们能够参与到实现我们本性的活动当中。关于政治活动，亚里士多德认为这需要通过对“公民”概念进行解释。公民通过公职来区分，其作用是保护共同体，也即公民是参与到政府当中而不是反对或改变政府。政治活动不是在所有条件下都有益于人的德性和幸福，它只有使公民在正确的政治体制下参与到审判和公职中才是有价值的活动，并且只有当合乎道德地参与进去才是有利于幸福的生活。

为什么参与审判和公职活动才是政治活动，而参加体育活动或去剧院看戏则不是政治活动呢？亚里士多德在《政治学》中通过给出《尼各马可伦理学》中的例子来说明这个问题。亚里士多德认为，幸福在于我们理性能力的卓越训练，并且我们人类拥有正义的感知与言语的能力，也就是说人类拥有好与坏（善与恶）、公正与不公正的感知，而且我们能够用言语来交流有利或有害、公正或不公正的东西。[②] 这种感知和言语交流就是我们的理性，也即我们能够评价和交流我们独特价值的能力，并且我们通过提高和训练这种能力从而达到我们独特的善，而只有参与审判和公职的活动才可以给予我们这样的机会。因此，亚里士多德的政治哲学思想离不开他所确立的形而上学和伦理原则。

利夫（C. D. Reeve）曾指出过，“伦理学与政治哲学之间的

---

① ［古希腊］亚里士多德：《尼各马可伦理学》，廖申白译注，商务印书馆 2011 年版，1169b19-20，第 303 页。

② ［古希腊］亚里士多德：《政治学》，吴寿彭译，商务印书馆 1965 年版，1253a8-18，第 8 页。

区别对于亚里士多德而言是陌生的。根据亚里士多德的观点，伦理学是政治家的学问：伦理学致力于定义人的善，也即快乐或幸福，通过澄清我们生活中的目的，从而更好地达到幸福；政治家致力于达到那种共同的善，不仅为了个体，也为了整个共同体"[①]。因此，伦理学关注个体，而政治学关注共同体，两者的目的都是善。亚里士多德在他的《政治学》和《尼各马可伦理学》中都论述了正义，由此可见，正义是最重要的德性，并且是唯一的德性，是"对于他人的善"。我们必须生活在一个政治共同体中才能达到最高和最完整的善，正义由于要求与他人之间的关系，因而是所有德性之中最高的德性。在《尼各马可伦理学》中，亚里士多德还进一步谈到正义与非正义（或公正与不公正）："我们先来弄清楚我们说一个人不公正时有多少种不同的意义。我们把违法的人和贪得的、不平等的人，称为不公正的。所以显然，我们是把守法的、公平的人称为公正的。所以，公正的也就是守法的和平等的；不公正的也就是违法的和不平等的。"[②] 这里的"守法"应该是指政治法律，而不是自然法。亚里士多德进而主张，正义可以促进和维持一个政治共同体的幸福。"既然违法的人是不公正的，守法的人是公正的，所有的合法行为就在某种意义上是公正的。因为，这些行为是经立法者规定为合法的，这些规定都是公正的。所有的法律规定都是促进所有的人，或那些出身高贵、由于有德性而最能治理的人，或那些在其他某个方面最有能力的人的共同利益的。所以，我们在其中之一种意义上，把那些倾向于产生和保持政治共同体的幸福或其构成成分的行为看作是公正的。"[③]

在此，我们还需要区分政治共同体与非政治共同体，因为人类要求政治共同体来实现他们的本性和功能（活动）。生活在政

① C. D. Reeve, *Aristotle*: *Politics*, Indianapolis, 1998, xxv.

② ［古希腊］亚里士多德：《尼各马可伦理学》，廖申白译注，商务印书馆 2011 年版，1129a32-b2，第 140—141 页。

③ 同上书，1129b12-20，第 142 页。

治共同体（例如，城邦）之中有什么不一样的地方呢？在《政治学》的开篇，亚里士多德说道："我们见到每个城邦（城市）各是某一种类的社会团体，一切社会团体的建立，其目的总是为了完成某些善业——所有人类的每一种作为，在他们自己看来，其本意总是在求取某一善果。既然一切社会团体都以善业为目的，那么我们也可说社会团体中最高而包含最广的一种，它所求的善业也一定是最高而最广的：这种至高而广涵的社会团体就是所谓'城邦'，即政治社团（城市社团）。"[①] 因此，政治共同体（例如，城邦）与非政治共同体的不同之处在于城邦有最大的权威和最高的善。城邦是唯一的、最自给自足的（政治）共同体，更进一步说明它是最好的。亚里士多德进一步认为，正义是一个政治问题，因为正义是属于政治共同体的，它决定什么是公正的。当人与正义、法律分离开来时，人将变成最坏的动物。"城邦以正义为原则。由正义衍生的礼法，可凭以判断（人间的）是非曲直，正义恰正是树立社会秩序的基础。"[②] "人类由于志趋善良而有所成就，成为最优良的动物，如果不讲礼法、违背正义，他就堕落为最恶劣的动物。"[③] 因此，人无法律和正义将变得最坏，有正义和法律才成为最好，而正义和法律只产生于政治共同体当中。进一步而言，人类应该生活在政治共同体而不是非政治共同体当中，因为在政治共同体当中才能立法，将公民塑造成有德性的人。法律的目的就是将德性灌输在人身上，使人能够幸福。政治共同体的这种强制性不仅是必要的，也是非政治共同体所缺少的。基于此，亚里士多德才说，"凡订有良法而有志于实行善政的城邦就得操心全邦人民生活中的一切善德和恶行。所以，要不是徒有虚名，而真正无愧为一'城邦'者，必须以促进善德为目的。不

① ［古希腊］亚里士多德：《政治学》，吴寿彭译，商务印书馆 1965 年版，1252a1－7，第 3 页。

② 同上书，1253a38－40，第 9—10 页。

③ 同上书，1253a31－33，第 9 页。

然的话，一个政治团体就无异于一个军事同盟”①。“城邦为若干家庭和（若干家庭所集成的）村坊的结合，由此结合，全城邦可以得到自足而至善的生活，这些就是我们所谓人类真正的美满幸福。由此我们可以得出结论：政治团体的存在并不由于社会生活，而是为了美善的行为（我们就应依照这个结论建立‘正义’的观念）。”② 这也成为亚里士多德评判最好宪法和理想政体的标准：“在一个理想政体中，他们就应该是以道德优良的生活为宗旨而既能治理又乐于受治的人们”③；“关于最优良的政体，有一点是大家明白的：这必须是一个能使人人（无论其为专事沉思或重于实践的人）尽其所能而得以过着幸福生活的政治组织”④；“优良的立法家们对于任何城邦或种族或社会所当为之操心的真正目的必须是大家共同的优良生活以及由此而获致的幸福”⑤。在《政治学》第八卷中，亚里士多德进一步讨论政治共同体的必要性：

> 大家当一致同意，少年的教育为立法家最应关心的事业。（这种论断具有两项理由：一，）邦国如果忽视教育，其政制必将毁损。一个城邦应常常教导公民们使能适应本邦的政治体系（及其生活方式）。同某些目的相符的（全邦公众的政治）性格（情操）原来为当初建立政体的动因，亦即为随后维护这个政体的实力。平民主义的性格创立了平民政体并维护着平民政体；寡头主义的性格创立了寡头政体并维护着寡头政体；政体随人民性格的高下而有异，必须其性格较高而后可以缔造较高的政治制度。（二，）又，人要运用每一种机能或每一种技术，必须先行训练并经过相当的复习，使各各

① ［古希腊］亚里士多德：《政治学》，吴寿彭译，商务印书馆 1965 年版，1280b5-8，第 141 页。

② 同上书，1281a1-5，第 143 页。

③ 同上书，1283b43-1284a1，第 157 页。

④ 同上书，1324a22-24，第 350 页。

⑤ 同上书，1325a7-9，第 353—354 页。

为之适应。那么，他们在作为一个城邦的分子以前，也必须先行训练和适应而后才能从事公民所应实践的善业。①

归纳言之，政治共同体（城邦）的目的就是使它的公民能够过最好、最幸福的生活，立法者应该为这个目的来创立法律。换言之，为了幸福，人类才需要生活在政治共同体之中。此外，人在政治共同体（城邦）中可以最好地实现有德性的活动，正义是最高的德性，也只有在政治共同体中才能得到最好的表达。

因此，基于亚里士多德的伦理学与政治学的紧密关系，我们不应该脱离他的伦理学来讨论他的政治学。换言之，亚里士多德的政治哲学处处离不开他的伦理学基础，当然他的政治哲学的基础还包括他的一般形而上学原则所提供的支持。通过这一点我们还可以看出，亚里士多德的实践哲学（政治哲学）不是独立于他的理论哲学（一般形而上学和伦理学）之外的，它仍然依赖于后者作为它的根基。可想而知，这种形而上学和伦理学思想对他的政治哲学思想的影响是无微不至的，我们接下来在关于亚里士多德政治自然主义的讨论中再具体和详细分析他的形而上学和伦理学如何有助于我们理解他的政治哲学。理查德·克劳特就特别谈到亚里士多德伦理学和政治学中的“自然”概念。②“自然”（nature，phusis）这个词及其家族词在亚里士多德的实践著作中无处不在。例如，关于“人本性上（by nature）是政治动物”这个政治自然主义主张，克劳特认为亚里士多德实际上把自然当成行为的引导，因为政治研究的任务就是对人的性格给予最可能的塑造，所以必须对政治研究所从事的“材料”（也即人性）有理解，就像工匠必须了解木头和石头的性质。同样，作为伦理的研究者，我们也必须知道自然使我们可能的东西是什么。

① ［古希腊］亚里士多德：《政治学》，吴寿彭译，商务印书馆1965年版，1337a10-21，第412页。

② Richard Kraut，“Nature in Aristotle's Ethics and Politics”，*Social Philosophy & Policy Foundation*，2007，pp. 199-219.

第二章　城邦的由来与目的论原则

亚里士多德在《政治学》一书中所反映的政治哲学思想可以通过他在该书第一卷中所倡导的思想主线来理解，这就是他的政治自然主义。按照弗雷德·米勒的观点，“亚里士多德的政治学可以描述为‘自然主义的’（naturalistic），因为它在解释和评价它的主题过程中赋予自然的概念根本性的地位。的确，在这种意义上，自然主义（naturalism）是贯穿他的哲学的一个支配性的主题”①。在深入亚里士多德的政治自然主义之前，我们先看他的形而上学自然主义观点。② 形而上学自然主义（metaphysical naturalism）是这样一种观点：实体由于自然而存在，这种实体在亚里士多德的本体论中有首要的实在性。③ 这是一种目的论的学说，因为由于自然而存在的事物（例如活的有机体）为了一个目的或终极因而生成并存在。④ 终极因果性借助于形式或发展成形式的潜能而发挥作用，这是内在于实体的。例如，地里的橄榄树种子长成一棵成熟的橄榄树，因为它以这种方式包含一种发展的潜能，也即它从先前存在的橄榄树那里继承的潜能，形式或形式的潜能

---

① Fred D. Miller, Jr., “Aristotle's Political Naturalism”, *Apeiron: A Journal for Ancient Philosophy and Science*, Vol. 22, No. 4, 1989, p. 195.

② 就自然主义这个特点来说，我们也可以认为亚里士多德的自然主义政治哲学是受到他的形而上学自然主义的影响。

③ ［古希腊］亚里士多德：《物理学》，张竹明译，商务印书馆 1982 年版，192b32-33，第 44 页。

④ 同上书，199b15-18，第 64—65 页。

不同于橄榄树在任何发展阶段出现的四元素（土、气、火、水）。所有的有机体都占有一个目的，也即它们的“自然目的”。基于此，政治自然主义就是指这种观点：城邦或政治共同体由于自然而存在。这个观点又与“人类本性上是政治动物”这个论题相联系，就像在其他自然存在的事物情形中，城邦占有形式，即它的政体（或宪法）。[①] 政体（或宪法）如果符合自然的传统，它就是正确的或公正的；如果它不符合自然的传统，它就是异常的或不公正的。[②] 除此之外，亚里士多德还进一步主张城邦本性上优先于组成它的个体。

亚里士多德的政治自然主义思想可以归结为他在《政治学》第一卷中表达的以下三个主张：

（1）城邦由于自然而存在（the polis/city-state exists by nature）。[③]

（2）人类在本性上是政治动物（a human is by nature a political animal）。[④]

（3）城邦本性上优先于个人（the polis is by nature prior to the individual）。[⑤]

上述三个主张中的“自然”、“本性上”都是同一个语词“by nature”，既指“依循自然”，也指“符合本性”。按照亚里士多德的观点，某事物是“by nature”不仅指它是符合常理的，而且指它与某种善的目的相联系。但是，我们还不清楚亚里士多德的政治自然主义是否承诺这个论题：城邦在与自然实体相同的意义上占有它自身的本性，这样城邦可以与组成它的个体的本性分离开来。我们能够确定的一点是，亚里士多德的政治生活深

---

① ［古希腊］亚里士多德：《政治学》，吴寿彭译，商务印书馆 1965 年版，1276b1-11，第 118—119 页。

② 我们将在第五章中来具体分析亚里士多德的政体或宪法理论。

③ ［古希腊］亚里士多德：《政治学》，吴寿彭译，商务印书馆 1965 年版，1252b29，第 7 页。

④ 同上书，1253a3，第 7 页。

⑤ 同上书，1253a24-26，第 9 页。

深地根植于人性之中。城邦中的生活是人类获得自然目的的一个必要手段，使得人类如果没有城邦就不能作为人而存在。这也正如亚里士多德自己所言，本性上不能够参与政治活动，或者在没有城邦的情况下却是自给自足的任何人，都“或者是野兽，或者是神”。解释亚里士多德的政治自然主义的困难主要源于我们将亚里士多德的观点与早期现代政治哲学家的观点进行比较，特别是托马斯·霍布斯的观点，因为现代政治哲学家的自然观与亚里士多德有很大不同。消除亚里士多德政治自然主义解释中的困难正是本书接下来的任务。正如我们前面所言，亚里士多德《政治学》第一卷可以看作他此后七卷论立法著作的导言，而“导言”中提倡的政治自然主义，则成为理解他关于国家、宪法和最好政体的讨论的思想基础，同时也影响了后来西方政治哲学思想的发展。在本章中，我们先来考察亚里士多德政治自然主义的第一个主张。

第一节　城邦的自然存在

一　城邦的自然存在及其论证

按照亚里士多德的观点，城邦从一开始就是自然发展而来的。城邦一方面起源于男人和女人，他们为了必需品和生育而结为夫妻，因为男女不能没有对方而生活，他们有很强的自然渴望留下相似于自己的后代。[①] 城邦另一方面源自于主人和奴隶，主人和奴隶为了生存的目的而形成主奴关系，并且双方都从这种关系中获益。家庭正是在丈夫—妻子和主人—奴隶的关系基础上产生出来的。[②] 因此，家庭的出现是自然的，它满足日常所需。当若干家庭存在，就形成一个村庄或村坊来满足非日常所需的需求。村

① ［古希腊］亚里士多德：《政治学》，吴寿彭译，商务印书馆 1965 年版，1252a27-29，第 4 页。

② 同上书，1252b10，第 5 页。

坊是“为了适应更广大的生活需要而由若干家庭联合组成的初级形式”，它“最自然的形式是由一个家庭繁殖而衍生的聚落”，聚居的村人有时被称作“同乳子女”，聚落则被称为“子孙村”。[①]所以，根据亚里士多德的观点，一个村庄通常由一个家庭繁衍更多后代，进而慢慢扩大产生的亲人构成，村庄便是从家庭和亲人的自然关系发展而来，因而也是自然的。若干个村庄又继续形成一个城邦，而城邦是完整的、自给自足的共同体（或群体），它为了生活而存在，并为了优良的生活而继续存在。既然家庭和村庄是自然存在的，所以城邦也是自然存在的。家庭是自然存在的，因为它来自于丈夫和妻子以及主人和奴隶之间的自然关系；村庄是自然存在的，因为它由若干家庭及其亲人组成，也是一种自然关系。家庭和村庄的目的是城邦，形成城邦也即是实现它们的本性。[②]

在亚里士多德看来，每个事物的本性就是它所是的东西，就是这个事物完全实现它的潜能，也即达到它的目的，从无中生成出来。因此，当家庭和村庄发展成城邦，就实现了它们作为共同体的目的，因为作为城邦它们变得完全自给自足，它们的目的也在城邦中得以实现。城邦存在的理由就是自给自足，当达到自给自足，城邦最有可能存在，自给自足也是城邦中的公民实现优良生活的基本条件。亚里士多德关于城邦自然存在的论证中隐含着一个原则：自然性的传递原则。这个原则是说，如果一个事物 A 是自然存在的，并且另一事物 B 是从 A 中自然地发展而来，那么 B 也是自然存在的。简言之，城邦的自然性来自于它的构成要素（家庭、村庄等共同体）以及这些构成要素的自然关系。

亚里士多德还进一步论证了城邦有其自身的目的，这个目的就是自给自足。按照亚里士多德在《物理学》中给出的解释，一

① ［古希腊］亚里士多德：《政治学》，吴寿彭译，商务印书馆 1965 年版，1252b 16-20，第 6 页。

② 同上书，1252b28-1253a2，第 7 页。

个事物的目的总是对那个事物最好的东西。[①] 城邦的目的就是使它的居民达到自给自足，因为公民只有通过城邦中的生活才能够自给自足。

二　困难及问题

亚里士多德关于“城邦自然地存在”的主张及其论证有以下几个问题。首先是城邦的本体论地位问题。初看起来，城邦明显是一种人工产生的东西，它怎么可能是自然存在的呢？即使按照上述亚里士多德的论证，城邦是一个自然实体，但这又如何可能呢？如果它是实体，它又在什么意义上是自然的，是像有机体或活的实体那样通过繁殖的方式自然地产生出来的吗？亚里士多德在《物理学》中列举了许多自然产生的事物，唯独不包括城邦。他说道：

> 凡存在的事物有的是由于自然而存在，有的则是由于别的原因而存在。“由于自然”而存在的有动物及其各部分、植物，还有简单的物体（土、火、气、水），因为这些事物以及诸如此类的事物，我们说它们的存在是由于自然的。所有上述事物都明显地和那些不是自然构成的事物有分别。[②]

显然，在亚里士多德的论述中，城邦不是动物、植物或四元素之一，所以城邦并不包括在自然存在之物当中。

其次，虽然亚里士多德断言“城邦由于自然而存在”，但其后他又高度赞扬城邦的创立者，这似乎存在一种矛盾。“人类生来就有合群的性情，所以能不期而共趋于这样高级（政治）的组合，然而最先设想和缔造这类团体的人们正应该受到后世的敬仰，

① ［古希腊］亚里士多德：《物理学》，张竹明译，商务印书馆 1982 年版，195a23-25，第 51 页。

② 同上书，192b8-12，第 43 页。

把他们的功德看作人间莫大的恩惠。”[1] 从常理来看，由于自然而存在的东西不可能被人创造。就亚里士多德自己的哲学思想而言，“自发和偶然后于思考（努斯）和自然”[2]，“关于创生的事物，有些是自然所成，有些是技术所成，有些是自发所成”[3]。但是“因为偶然事物均不会先于本然事物，所以偶然原因也不会先于自然原因。如有以‘机遇’或‘自发’为物质宇宙之原因者则‘理性’与‘自然’当已先之而为原因”[4]。亚里士多德自己也认为，“事物之创成为实是或由技术（人工）或由自然，或出于机遇或出于自发”[5]。因此，亚里士多德在《政治学》中一方面主张城邦是一个自然实体，另一方面又坚持人创造城邦，这显然与他在其他哲学著作中表达的原则相悖。

最后，亚里士多德关于“城邦由于自然而存在”的主张似乎与他的自然目的论不一致。目的论意味着自然中的几乎所有事物都是有目的导向的，其原因可能是由于神性的存在物、由于个体自身的有意识，或者由于自然的无意识。亚里士多德相信自然本身有目的，自然实体作为自然的一部分也就有目的。亚里士多德在《论动物部分》中解释他的自然目的论：

> 此外，我们发现自然生成的原因不只一个，例如事物“为什么”而被生成和运动产生的本原。我们必须断定两种原因何为第一，何为第二。显然，第一位的是我们称作“为什么”的目的因。因为它是事物的逻各斯，而逻各斯乃是自然作品同样也是技艺作品的原则或本原。医生和建筑

① ［古希腊］亚里士多德：《政治学》，吴寿彭译，商务印书馆1965年版，1253a 27-31，第9页。

② ［古希腊］亚里士多德：《物理学》，张竹明译，商务印书馆1982年版，198a10-11，第60页。

③ ［古希腊］亚里士多德：《形而上学》，吴寿彭译，商务印书馆1995年版，1032a13-14，第135页。

④ 同上书，1065b3-5，第225页。

⑤ 同上书，1070a6-7，第239页。

> 师或用理智或用感觉来界说健康和房屋，进而揭示出它们的逻各斯，并解释他们所做每一件事情的原因以及为什么必须这样做。目的因或善在自然作品中比在技艺作品中更为重要。①

在亚里士多德看来，自然实体的目的是内在于它自身的，它不是通过超自然的实体也不是通过人类给出的。自然实体朝向其目的是一种无意识的过程，因为它的目的与其功能相联系。比如，眼睛的目的是看东西，这也是它的功能，但眼睛的颜色则不是它的功能。如果说“城邦由于自然而存在”的主张依赖于这种观念，即任何事物都有一个终极目的或自然目的，那么这确实是令人生疑的。

总而言之，这些问题最后都归到第一个问题之上，也即城邦的本体论地位问题。城邦是由于自然而存在的，但它不是一个有机体；城邦由形式（政体）和质料（公民）构成，但它不是一个实体；城邦有建立者，但它不是一个人工物。既然在亚里士多德看来，一个政治实体是自然的，那么城邦应该在他的本体论中居于什么地位呢？

第二节　凯耶特的解释

一　自然起源与自然存在

作为当代研究亚里士多德政治哲学最重要的学者之一，大卫·凯耶特对亚里士多德的政治自然主义给出一种解释。② 凯耶

① ［古希腊］亚里士多德：《论动物部分》，崔延强译，639b14-22，载苗力田主编《亚里士多德全集》（第五卷），中国人民大学出版社1990年版，第4—5页。

② 大卫·凯耶特是华盛顿大学的哲学教授（已经退休），目前担任亚利桑那大学自由哲学中心的研究员。他主要研究古希腊政治哲学，代表作有《亚里士多德伦理学的德性》（2010）（合著）、《自由、理性与城邦：古希腊政治哲学论文集》（2007）（合著）、《亚里士多德著作中的政治权威与义务》（2006）、《亚里士多德政治学指南》（1991）（合著）。

特将亚里士多德政治自然主义的三个主张称作亚里士多德《政治学》中的三个根本定理。[①] 按照凯耶特的观点，亚里士多德政治自然主义的第一个主张“城邦由于自然而存在”是另外两个主张的基础，但是这个主张表达的思想与亚里士多德在《政治学》中的其他地方以及其他著作中表达的观点不一致；此外，亚里士多德给出的支持第一个主张的论证也是有缺陷的。

凯耶特注意到，按照亚里士多德在《物理学》和《形而上学》中的讨论，一个实体依据四种方式存在：由于自然（by nature）、由于技艺（by art）、由于运气（by luck）、由于自发性（by spontaneity）。自然起源（natural genesis）不同于人工生成（artificial production）。在自然起源中，产品和生产者有相同的形式；而在人工生产中，生产者只在他的头脑中有产品的形式。比如，人生人，房子（建筑师头脑中的房子形式）生产房子。由于运气或由于自发性产生的对象都没有这样的形式因。亚里士多德就认为寄生虫、虱子、肠道寄生虫和鳝鱼是自发而不是自然产生的。

凯耶特还进一步注意到，“由于自然而存在”（existing by nature）与“由于自然而生成”（coming to be by nature）是不同的。虽然亚里士多德论证城邦由于自然而存在，但他没有说过城邦由于自然而生成。[②] 凯耶特进一步假定亚里士多德相信城邦也由于自然而生成。[③] 凯耶特认为，将自然存在与自然生成这两个主张分离开来的一个理由是亚里士多德关于城邦起源的解释与他的自然起源理论不一致。根据自然起源理论，自然生成的事物是通过一个不同对象的作用而生成的，这个不同对象在物种方面与它自身相同。但是，城邦是从村庄和家庭进化而来，后两者在物种方面不同于城邦。因此，城邦的产生适合亚里士多德的自然起源理

① David Keyt, “Three Fundamental Theorems in Aristotle's ‘Politics’”, *Phronesis*, Vol. 32, No. 1, 1987, pp. 54-79.

② Ibid., p. 58.

③ Ibid..

论的唯一场合是当一个城邦创建另一个城邦。[1]

在凯耶特看来，家庭这一共同体的产生适合于亚里士多德的理论。家庭源于两种关系：男性和女性；主人和奴隶。每种关系都根植于强大的自然本能：生育本能和自保本能。亚里士多德关于家庭起源的描述可能暗示男性—女性和主人—奴隶关系先于家庭，但凯耶特认为，很难看到这如何可能。“因为如果主奴关系中的主人有后代，那么他必须有妻子；如果他有妻子和奴隶，那么他事实上就是家庭的首脑。这样一来，在亚里士多德的时间无限的宇宙中不仅没有第一个人，而且没有第一个家庭。但如果是这样，那么家庭产生家庭就如同人生人。”[2]

凯耶特认为，在亚里士多德的自然哲学中，自然存在与自然起源是截然不同的概念，这两个概念整体上应用于相同对象，但也有例外。[3] 根据亚里士多德的观点，自然存在的对象（例如石头或者鱼）与由于技艺存在的对象（例如床或平底凉鞋）之间的差异是，一个对象在位置方面有运动和静止的来源，或者增加和减少的来源，或者改变的来源，而另一个人工物对象却没有这种来源。例如，鱼有三种运动的内在来源：游泳（改变位置）、生长（改变量）和感知（改变质）；而床本身却没有内在的运动来源。在凯耶特看来，城邦满足自然存在的定义，因为城邦能够从一个地点移动到另一个地点，例如雅典在波斯入侵时撤退到艾提卡（Attica），它也可以采取人口政策来控制它的大小，并且通过它的官员来感知和思考。凯耶特认为亚里士多德在试图证明城邦的自然性时从来没有诉诸他的自然存在定义是令人惊奇的。[4] 换言之，当一个实体有运动和静止的内在来源以及生长和变化的能力时，就意味着这个实体是自然存在的，同样，城邦可以通过它

① David Keyt, “Three Fundamental Theorems in Aristotle's ‘Politics’”, *Phronesis*, Vol. 32, No. 1, 1987, p. 58.

② Ibid., p. 59.

③ Ibid..

④ Ibid..

的居民来发展、变化，因此城邦是自然存在的。然而，亚里士多德在关于城邦的自然性论证中并没有诉诸这种自然存在的概念。

凯耶特认为，按照亚里士多德的原则，不是每个自然生成的事物都是由于自然而存在，相反，也不是每个由于自然而存在的事物都是由于自然而生成。譬如，鸟的巢和蜘蛛的网是由于自然而生成的，但是巢或网都不是由于自然而存在的，因为巢和网本身都不包含运动的内在来源。相反，在亚里士多德的宇宙学中，天体是由于自然而存在，但它不是生成的，因为它是永恒的，因而也不是由于自然而生成的。更进一步来说，自发而不是自然产生的植物和动物也满足他的自然存在定义。例如，自发产生的鳝鱼，就像自然产生的鱼，它会游泳、生长和感知。基于此，凯耶特认为，“城邦是自发性或运气的产物这种观点，可以提供一种方式来调和亚里士多德关于城邦是从家庭和村庄进化而来的自然实体的观点与他的自然哲学的原则；而亚里士多德从来没有考虑到这种可能性的理由，是他发现很难把城邦与虱子和肠道寄生虫相结合”[①]。

二　困难与问题

虽然凯耶特对于城邦的自然性进行了精细的分析，但是他的解释还是存在一些问题。亚里士多德在《政治学》中从没有说过城邦可以描述为拥有运动的内在来源。即使城邦运动和变化，城邦也不是按照自己的意愿运动，例如凯耶特所认为的雅典在波斯入侵过程中的运动。此外，在城邦的规模方面，也只有城邦的公民才能控制。凯耶特分别引用《政治学》中的以下段落作为证据：

从事限制产业的份数就毋宁设法限制人口，防止出生数

① David Keyt, “Three Fundamental Theorems in Aristotle's ‘Politics’”, *Phronesis*, Vol. 32, No. 1, 1987, p. 60.

超过必需的平衡数；计算婴儿死亡和婚后不育的或然率，就可以作出繁殖率的限数。繁殖如无限制，势必导致贫穷，——现时恰恰有许多城邦疏忽了限制繁殖这个问题；——跟着贫穷，又导致内乱和盗贼。古代立法家科林斯人斐登主张在开国时，产业的份数相等于公民的人数，这些数额应该作为定制，勿使增减；至于各份产业当初或大或小则可以不必计较。但在《法律篇》中的政策恰恰与之相反。①

立法家在订立财产限额的同时还得规定各家子女的人数，这一点他们却时常遗忘，而实际上乃是不应该疏忽的。倘使子女生育过多，家产不足以赡养，根据均产原则而制作的法律就不得不被毁弃。原来是小康的家庭，现在已沦落到无法自给的境遇；处身于这种不幸的人们，作奸犯科还是小事，这里已很难说他们不致于从事叛乱（革命）了。②

凯耶特又引用以下段落来说明城邦可以感知：

如果说灵魂之为动物的一部分比身体更加重要，那么，凡有关城邦精神的部分应该比供应城邦以物质需要的部分尤为重要；所谓类乎动物灵魂的部分，就是城邦的军事（战斗）职能、主持公道的司法职能以及具备政治理智的议事职能。③

但是，我们发现凯耶特引用亚里士多德《政治学》中的上述段落都没有为他的解释提供支持。

---

① ［古希腊］亚里士多德：《政治学》，吴寿彭译，商务印书馆 1965 年版，1265b6-15，第 65 页。

② 同上书，1266b9-14，第 70 页。

③ 同上书，1291a22-26，第 190 页。

亚里士多德在关于城邦的起源论证中认为城邦由于自然而存在，因为家庭和村庄都是由于自然而存在的。家庭是自然的，因为它从丈夫—妻子、主人—奴隶的自然关系中产生。村庄是从家庭产生的，而城邦又是产生于村庄的。但是，凯耶特认为我们还是很难理解亚里士多德如何决定村庄是自然的。亚里士多德的理由似乎是城邦起源于家庭并且比家庭更加自给自足，因而更值得选择，家庭是自然的，所以村庄是自然的。进而言之，村庄在实体上先于家庭，家庭是由于自然而存在的，所以村庄也是由于自然而存在的。同理，既然城邦是从村庄产生出来的，比村庄更加自给自足，因而在实体上先于村庄，而村庄是由于自然而存在的，所以城邦也是由于自然而存在的。亚里士多德的论证依赖于这样一个自然性的传递原则：如果一个事物在实体上先于另一个事物并且如果另一个事物由于自然而存在，那么这个事物也是由于自然而存在的。但是，凯耶特认为这个原则是错误的，它存在反例。[①] 譬如，一幢房子，房子在实体上先于它的材料，这些材料来自于自然（木材、黏土、稻草），但是房子是通过技艺产生的，不是由于自然而产生的。[②] 因此，在凯耶特看来，亚里士多德关于城邦的自然起源论证是不充分的。

然而，凯耶特对亚里士多德存在误解。一方面，亚里士多德的论证没有依赖实体上优先的断言，另一方面他也没有依赖“一个实体如果更加自给自足那么就更值得选择”的断言。亚里士多德根本就没有提到实体。凯耶特默认另一个前提，即“如果一个事物是从另一个事物而来的并且如果这个事物是一种更大的善而且比另一个更值得选择，那么这一个在实体上优先于另一个”。凯耶特认为，这个默认的前提来自于亚里士多德在《物理学》中的描述：

---

① David Keyt, “Three Fundamental Theorems in Aristotle's ‘Politics’”, *Phronesis*, Vol. 32, No. 1, 1987, p. 68.

② Ibid., p. 69.

> 再说，研究“为了说明”或者叫做“目的”和研究达到这个目的的手段应该是同一个学科的课题。自然就是目的或“为了什么”。因为，若有某一事物发生连续的运动，并且有一个终结的话，那么这个终结就是目的或“为了什么”。（就是这个说法把一位喜剧诗人弄糊涂了，在他的作品里有一句荒诞的话：“他已经得到了一个他为之而生到人世上来的目的了”。须知并不是所有的终结都是目的，只有最善的终结才是目的。）①

从亚里士多德的论证中我们看到，城邦之所以是自然的，因为村庄是从一个家庭繁殖而衍生的聚落，它是由扩展的家庭成员构成的。所以，亚里士多德说，村庄的人是“同乳子女”，村庄是“子孙村”，也即村民是有血缘的亲戚。

凯耶特关于自然性的传递原则的反例同样是不成功的。严格地说，房屋不是简单地由树木、黏土和石块构成的，它应该是由木料、砖瓦和雕刻的石块建成的。后者不同于前者的地方在于它们凝聚着人类的目的。建造房屋的材料其实都是被改造而来的自然事物，为适应人类的目的而改造。因此，房屋是技艺的产物，它的材料是人工产物，它不可能是从它的材料自然地生成。“自然性的传递性原则的反例指出这个原则对于房屋与城邦之间的根本差异不是敏感的。房屋中的木材来自于死的树木，也即来自于其作为活的事物的本性已经被摧毁的树木。”②

凯耶特解释的另一个问题是它忽视目的论的意义。亚里士多德实际上没有简单地论证因为家庭和村庄由于自然而存在，所以城邦也是由于自然而存在。亚里士多德的论证实际上隐含着城邦是家庭和村庄的目的，目的论在亚里士多德的论证中非常明显。

① ［古希腊］亚里士多德：《物理学》，张竹明译，商务印书馆 1982 年版，194a28－33，第 48 页。

② David Keyt, “Three Fundamental Theorems in Aristotle's ‘Politics’”, *Phronesis*, Vol. 32, No. 1, 1987, p. 69.

亚里士多德反复提到自给自足，因为自给自足是城邦的目的，也是优良生活的一个必要条件。家庭和村庄通过城邦达到它们的目的，即自给自足。也就是说，家庭、村庄和城邦这些共同体通过目的论相联系，它们的目的都是相关的，都是为了居民的幸福而存在。

凯耶特还指出亚里士多德与自身相矛盾的另一个地方，即亚里士多德常常将政治家类比为工匠。

> 一切工艺家，例如织布匠或造船匠必须具备同他们的工艺相适应的原料；原料准备得愈好，则凭他们的技术所制成的成品也将愈佳。有如其它的制造家那样，政治家和立法家也得有他们所需要的原料，而且这些原料也应该符合他们的要求。①

以上段落中的类比是《尼各马可伦理学》和《政治学》的一个基本观点的详细阐述，也即存在一种政治学的科学的艺术，就像存在一种纺织或造船的艺术或工艺一样。从表面上看，这个类比蕴含的矛盾是显而易见的。一方面，亚里士多德认为城邦是自然的；另一方面，亚里士多德又主张政治家就像工匠，把政治制度的“形式”强加在人口的“质料”之上。这就意味着城邦如同一艘船或一只鞋子那样的人工物，因而不是由于自然而形成的。

但是，我们说，亚里士多德的这个类比不能算作矛盾。例如，有政治学这样一门技艺，就像有造船这样一门技艺一样，同样也像父母培育孩子的技艺。造船者将船的“形式”强加在木头之上，政治家将政治制度的“形式”强加在人口之上，所以父母也可以将好的行为和德性的“形式”强加在孩子身上。因此，将自然物比喻为人工物并不意味着自然物实质上就像人工物，而是仅

① ［古希腊］亚里士多德：《政治学》，吴寿彭译，商务印书馆 1965 年版，1325b40-1326a5，第 358 页。

意味着对象之间的相似性。例如，我们常把“心脏”类比为“塑料泵”，这并不意味着心脏就是由塑料构成。依此，即使亚里士多德承认某事物由于自然而存在，但是事物也不可能自然地实现或完善它的本性。在亚里士多德看来，技术活动既可完成自然所不能实现的东西，又可模仿自然。[①] 所以，城邦自然地生成并自然地存在，但人类通过政治制度与政府来发展和完善城邦。

凯耶特的其他解释也没有得到充分的证据支持。他认为，亚里士多德坚持认为城邦是像动物或人一样的自然实体。凯耶特解释道，城邦只是在比喻意义上像动物，但字面意义上仍然是一个自然对象。实际上，亚里士多德将获取动物及其部分的知识与获取城邦及其部分的知识进行比较，所以，我们如何决定什么种类的动物存在，我们也将按照相同方式决定什么样的政体（或宪法）存在。如果我们想要掌握动物的种类，那么我们将首先决定对于每个动物所必需的部分是什么。对于我们提到的政体（或宪法）也是同样的方式，因为城邦不是由一个部分而是由多个部分组成的。[②] 因此，归纳言之，凯耶特对亚里士多德的文本存在误解，他关于亚里士多德政治自然主义的第一个主张及其论证的解释是失败的。

第三节　米勒的解释

一　内在因解释与目的因解释

弗雷德·米勒是当代研究亚里士多德政治哲学的另一重要学者，他对亚里士多德政治自然主义的解释也是我们不能回

---

① ［古希腊］亚里士多德：《物理学》，张竹明译，商务印书馆 1982 年版，199a15-16，第 63 页。

② ［古希腊］亚里士多德：《政治学》，吴寿彭译，商务印书馆 1965 年版，1290b25-27，b38-39，第 189 页。

避的。[1] 与凯耶特的解释包含更多对亚里士多德的消极态度和批评相比，米勒的解释更积极、更加支持亚里士多德。在米勒看来，亚里士多德的政治学可以称作"自然的"，因为"自然"（nature）的观念在亚里士多德的政治理论中发挥关键作用。根据亚里士多德的形而上学，"实体"是有根本实在性的存在物，由于自然存在或者有变化的内在来源。[2] 这就涉及亚里士多德的目的论，因为自然存在的实体有终极因，而目的因或终极因就是"善"。[3] 亚里士多德解释了四种不同类型的原因（也即"四因说"）：（1）质料因是事物所由产生的，并在事物内始终存在着的那种东西，例如塑像的"铜"，酒杯的银子，以及包括铜、银这些"种"的"类"；（2）形式因是事物的形式或原型、结构等，亦即表述出本质的定义，以及它们的类，例如2∶1的比例；（3）动力因是事物变化或静止的源泉，一般地说就是那个使被动者运动的事物，引起变化者变化的事物；（4）目的因或终极因是事物的目的或目标，例如健康是散步的原因，为什么散步，是为了健康。[4] 亚里士多德实际上在《物理学》中谈到两种意义上的目的因：一是行为通过心灵的某个目的来完成，例如，为什么去打仗？因为别人来进攻了[5]；二是自然过程不是思考的结果，自然产物也有目的。[6] 亚里士多德区分了这两种类型的目的因，前一种意义的目的因暗示一种技艺，后一种意义的目的因暗示自然。显然，前一种目的因不适合于解释城邦由于自然而存在，所以米勒认为亚里士多德必须用第二种意义的目的因来解释城邦的自然

---

① 弗雷德·米勒是博林格林州立大学（Bowling Green State University）哲学教授，兼任学校的社会哲学与政策中心的执行主任。他的研究专长是古希腊哲学，尤其是亚里士多德哲学，研究兴趣包括政治哲学、商业伦理和形而上学，代表作有《亚里士多德政治学中的自然、正义与权利》（1995）、《亚里士多德政治学指南》（1991）（合编）等。

② ［古希腊］亚里士多德：《物理学》，张竹明译，商务印书馆1982年版，192b32-33，第44页。

③ 同上书，195a23-25，第51页。

④ 同上书，194b25-34，第50页。

⑤ 同上书，198a18-19，第60页。

⑥ 同上书，199a20，第63页。

存在。

米勒认为，亚里士多德政治自然主义的第一个主张即“城邦由于自然而存在”有两种可能的解释。其一，内在因解释。也即是说，x由于自然而存在当且仅当x有一种“自然”（a nature），这种“自然”是“它原属的事物因本性（不是因偶性）而运动和静止的根源或原因”[①]。例如，动物和植物的灵魂就是它们的内在原因。亚里士多德在《物理学》中还强调x由于自然而存在当且仅当x由于自然而生成并且没有任何其他原因，也即自然产生（目的论）与其他类型的产生（如由于技艺、机遇和自发性）之间的差异。其二，目的论解释。米勒认为城邦是自然的，因为人是天生的政治的动物。因此，按照目的论解释，城邦的自然性就起源于人性。人有自然的目的，并且有自然的渴望生活在城邦当中，因为生活于城邦中可以促进目的实现。在米勒看来，理解亚里士多德关于“自然存在”（esti phusei）一词的解释十分重要。[②]在《物理学》中，“自然存在”不仅指拥有内在冲动的事物，而且指为了某事物冲动的事物。例如，鸟巢和蜘蛛网就来自于鸟和蜘蛛的内在冲动。这个短语的意义一般解释为：一个事物由于自然而存在当且仅当它拥有有机物的自然目的的提升作为它的功能，并且在整体或部分上来自于这个有机物的自然能力和冲动。[③]因此，城邦满足两个条件：一是城邦的目的是人的目的的提升；二是城邦的自然存在源于人类的自然冲动。根据米勒的观点，亚里士多德政治自然主义的第一个主张“城邦由于自然而存在”依赖于他的第二个主张“人是天生的政治动物”，因为后一主张暗示人类拥有城邦生活的自然倾向，而城邦的存在正是来自于这种

---

① ［古希腊］亚里士多德：《物理学》，张竹明译，商务印书馆1982年版，192b23-24，第43页。

② “esti phusei”这个词来自于古希腊语，其中“phusei”指“自然的”，“esti”指“存在”的意思。

③ F. D. Miller, *Nature, Justice and Rights in Aristotle's Politics*, Oxford: Oxford University Press, 1995, p. 40.

倾向性。[1] 内在因的解释不仅可以借助“自然存在”这个短语的意义来统一亚里士多德的形而上学和政治理论，而且可以说明，如果自然存在物自然地生成并且城邦是一个自然存在物，那么城邦也就自然地生成。

但内在因解释的问题在于：第一，亚里士多德没有说明城邦适合自然存在的定义。第二，城邦由于自然而存在这个主张与亚里士多德的其他主张不一致。例如，城邦由于自然而存在，但立法者使城邦出现，而一个事物不可能既是一个自然实体又是一个人工物。自然存在对应的是自然产生且不可能来自技艺，工匠将某种形式强加在某种质料上创造出一个人工物，而人工物是没有内在原因的。在亚里士多德看来，立法者将政体的“形式”强加在城邦公民的“质料”上。第三，亚里士多德支持“城邦由于自然而存在”这个主张的论证将会变得很弱。亚里士多德论证城邦是自然的，因为它来自于自然的共同体，但没有论证城邦有运动和保持稳定性的内在来源。在米勒看来，这种解释仍然依赖于自然性的传递原则：如果一个实体在完整性上优先于第二个实体并且第二个实体由于自然而存在，那么第一个实体也由于自然而存在。[2]

完整性的优先性是指更完善或现实化的实体，类似于亚里士多德在《范畴篇》中所谈的“由于自然的优先性”。例如，一棵橡树在完整性上优先于一颗橡树种子，橡树种子由于自然而存在，根据自然性的传递原则，橡树也由于自然而存在。米勒同样认为这个原则是错误的，他给出的反例和凯耶特相同：房子在完整性上优先于建造房子的材料，材料来源于自然，但房子却来自于技艺。所以，内在因解释是有问题的。

那么，目的因解释是否更好呢？支持目的因的解释可以从亚里士多德的断言中找到一些证据。亚里士多德认为人类天生渴望生活在政治共同体当中，而城邦则是起源于最基本的共同体（家

---

① F. D. Miller, *Nature, Justice and Rights in Aristotle's Politics*, Oxford: Oxford University Press, 1995, p. 40.

② Ibid., pp. 38-39.

庭、村庄)。目的论解释指出亚里士多德对人类自然目的的兴趣,因此,城邦源于人类的自然冲动以及政治家通过法律来管理,这两个条件都是必要条件。

在米勒看来,目的论解释确实有助于我们理解亚里士多德的论证,并且亚里士多德的论证也因此看起来合理。不过,米勒认为,亚里士多德的论证似乎依赖于这种观点,即一个共同体可以是另一个共同体的自然扩充。譬如,村庄比家庭更完整因为它不受限于日常所需,城邦比村庄更完整因为它关注优良的生活。按照米勒的观点,自然性的传递性原则如果限制在自然实体上就是合理的:“如果 C1 由于自然而存在并且 C2 是 C1 的自然扩充,那么 C2 也是由于自然而存在。”①

米勒同时也设想到目的论解释可能面临的一些反对意见。首先,这种解释使亚里士多德的主张显得很弱,因为亚里士多德认为城邦有自身的本性,不同于组成城邦的个体。米勒的回应是,城邦是它的构成要素的共同体(家庭和村庄)的“自然”或“本性”,并且是这些共同体的目标,这些共同体终结于城邦。② 其次,这种解释并没有帮助消除城邦的自然产生与立法家的技艺形成之间的矛盾。米勒的回应是亚里士多德在广义和狭义的意义上使用“自然存在”这个短语,但仅在狭义的意义上排除技艺,广义上指称城邦。最后,《政治学》中断言“城邦由于自然而存在”与《尼各马可伦理学》中断言“伦理德性不是由于自然而存在”之间存在差异。米勒的回应是,亚里士多德在《尼各马可伦理学》中在狭义的意义上使用“自然存在”,伦理德性不是由于自然而存在,因为它还依赖习惯和教育来实现。

二 困难与问题

米勒解释的问题在于,他认为城邦有一种来自人性的外在目

① F. D. Miller, *Nature, Justice and Rights in Aristotle's Politics*, Oxford: Oxford University Press, 1995, p. 42.

② Ibid., p. 43.

的，也即城邦拥有人性的那种本性，换言之，人类以某种方式赋予城邦以人的本性。这好比人将“本性”（或自然）赋予桌子。木匠想制成一张桌子，就将“形式”强加在桌子上，从而实现桌子的功能和目的。因此，米勒的解释似乎遗漏了亚里士多德的政治自然主义主张中的那种自然性，因为米勒太过于强调城邦对人性的依赖，事实上在亚里士多德的意义上可能并非如此。

米勒把城邦的本性与其构成要素的本性联系起来，似乎将城邦视作一个有机体。“城邦在一定的量上是符合它的本性（或自然），而不是像人类一样的统一体。这里，城邦是一个集体性的实体，它的本性与它的要素的本性不可分离。”① 当我们谈论人性的时候，在某种意义上是指人是活的。但城邦不是活的，所以城邦不可能与其构成要素有相同的本性。城邦虽然有终极目的，但这个目的不同于亚里士多德哲学中的“本性”，因为在亚里士多德看来只有有机体才有本性。由此，米勒的解释导致一个更严重的问题是，既然城邦依赖于人性，所以城邦是一种人工物。如果城邦完全产生于人性，那么城邦就是深思熟虑的结果，而不是自然的结果。米勒太过于强调人类的本性来解释城邦的目的，但是亚里士多德非常清楚地论证城邦有其自身的目的。城邦的目的对人的目的的依赖性进而导致我们将城邦的本性误等同为城邦中公民的本性，由此城邦变成一个有机体。

第四节　目的论原则的解释

一　复兴目的论原则

亚里士多德强调城邦产生的自然性，但是他又没有把城邦当作自然产生的事物，这确实是一个困难。凯耶特发现很难解

① F. D. Miller, *Nature, Justice and Rights in Aristotle's Politics*, Oxford: Oxford University Press, 1995, p. 43.

释这个困难，因而怀疑城邦产生的自然性，甚至主张通过自发性或运气更容易解释亚里士多德的观点。米勒注意到一种内在因和目的论的解释，但是他又将目的论解释过于弱化，因为他认为城邦的目的依赖于人的目的，这就显得城邦的存在不是基于自身的内在目的，而是依靠一种外在的目的。凯耶特解释的问题在于他完全忽视了目的论原则的作用，米勒解释的问题在于他弱化了目的论原则的作用，所以他们都无法提供亚里士多德政治自然主义第一个主张的一种恰当解释。因此，要恰当地解释亚里士多德的主张，我们必须引入目的论原则，并凸显这个原则的作用。

伊丽莎白·西奥班·多诺古—阿姆斯特朗在其博士学位论文《亚里士多德政治自然主义中的目的论、完善主义和共同体主义》中也分别对凯耶特和米勒的解释提出批评。[①] 多诺古—阿姆斯特朗考察了“自然存在”这个短语的意义，并给出这个短语广义的解释。她认为城邦更独立于人性，城邦由于自然而存在，因为城邦是目的论的，并且有自己的目的。亚里士多德解释过由于自然而存在的实体的（自然）目的论，所以城邦在此意义上有一种派生的内在目的论（derived intrinsic teleology）。[②] 一个自然实体可以在这种意义上是派生的：它依赖于另一个自然实体，但有自己的内在目的。在我看来，派生的内在目的论可以提供亚里士多德关于“城邦由于自然而存在”主张的一种比较恰当的解释。

亚里士多德的主张是：城邦产生于若干村庄，它是一个完整的、自给自足的共同体，为了生活而存在并为优良生活而继续。既然作为基础的共同体（家庭、村庄）由于自然而存在，那么城邦也是由于自然而存在。关于这个主张的内在目的论论证可以表

① Elizabeth Siobhan Donoghue-Armstrong, *Teleology*, *Perfectionism and Communitarianism in Aristotle's Political Naturalism*, PhD Dissertation, ProQuest Information and Learning Company, 2004.

② Ibid., p. 43.

述为：基础共同体（家庭、村庄）的目的是城邦，而“自然”是一种目的，因为任何事物的本性都是把“实现它所是”作为其目的。某事物为了目的而存在，这是最好的状态，而自给自足是一种目的并且是最好的状态，所以自给自足是城邦的目的。当家庭和村庄形成城邦时，它们便实现了它们的自然目的。城邦存在的理由是自给自足，当城邦达到自给自足的时候，它就以最可能的方式存在。这进一步可以说明城邦为了优良生活而存在，而自给自足允许城邦中的公民获得优良生活。

因此，我们应该根据亚里士多德的目的论来解释他关于“城邦由于自然而存在”的主张。亚里士多德注意到动植物和简单的物体（四元素）由于自然而存在，产生这些实体的东西是它们自身之内“有一个运动和静止（有的是空间方面的，有的是量的增减方面的，有的是性质变化方面的）根源”[①]。“‘按照自然’（according to nature）这一用语对于自然物，对于它们因本性而有的各种表现都是可用的。例如，火向上运动，这不是‘自然’，也不是‘具有自然’（has a nature），而是‘由于自然（by nature）’或‘按照自然’。”[②] 比如，火的属性是由于自然而存在，但城邦仍然不同于火向上的性质。没有运动或静止的内在原因的实体也可以由于自然而存在，但这种事物不是“自然”，也不具有“自然”，而是因其所是的特征“由于自然或按照自然”，不是由于人类或其他存在物的指派。归纳言之，自然的事物不是由于某种外在来源而变得自然。城邦由于自然而存在应该根据目的论（终极因果性）来解释。

> 因此，燕子做窝、蜘蛛结网既出于自然，也有目的，植物长叶子是为了果实，根往下生长（不是往上长）是为

---

① ［古希腊］亚里士多德：《物理学》，张竹明译，商务印书馆1982年版，192b14-16，第43页。亚里士多德在《物理学》的原文说，“一切自然事物都明显地在自身内有一个运动和静止的根源”。

② 同上书，192b35-193a2，第44页。

> 了吸取土中的养分，那么可见，在自然产生（come to be）和自然存在（are by nature）的事物中也是有目的因的。又，既然自然有两种涵义，一为质料，一为形式；后者是终结（end）；其余一切都是为了终结，那么形式该就是这个目的因了。[①]

终极因果性是自然的，这符合亚里士多德的自然目的论。自然中的大多数实体都为目的而发生。同样，城邦由于自然而存在也因为它有一个终极因，即它的公民能够过上优良生活。城邦在两种意义上符合目的论：第一，它是家庭和村庄的目的；第二，它有利于人类，是为了人类的幸福。因此，城邦不仅仅是为了人类的生存，还应该使人类更好地生活。

为什么说这种目的论是派生的呢？自然的事物有终极目的，像家庭、村庄和城邦这些共同体都有终极目的，但它们的目的不像有机体那样。它们的终极目的是依赖于人的终极目的，所以它们的目的是派生的。[②] 但为什么说这种目的又是内在的呢？这是因为城邦有其自身的目的。城邦就像鸟巢和蜘蛛网，它们由于自然而存在但没有运动或静止的内在原因。鸟巢和蜘蛛网是由于相关的动物（鸟和蜘蛛）的本性而存在，它们有自身的目的和功能。城邦也有自身的目的，因为它是家庭和村庄的终极目的，也即它的公民获得自给自足。所以，如果没有人的话，城邦将不复存在。但是，城邦的目的又不是完全来源于人性，它有自身的功能，即允许城邦的公民自给自足且富裕地生活。城邦的终极目的不同于人的终极目的，城邦的终极目的是使它的公民获得自给自足，而人的终极目的是优良的生活。这两种目

---

① ［古希腊］亚里士多德：《物理学》，张竹明译，商务印书馆 1982 年版，199a26-33，第 64 页。

② Elizabeth Siobhan Donoghue-Armstrong, *Teleology, Perfectionism and Communitarianism in Aristotle's Political Naturalism*, PhD Dissertation, ProQuest Information and Learning Company, 2004, p. 48.

的是相互联系的，自给自足也是人类优良的生活所要求的。既然城邦有自身的目的，但又不是完全独立的，那么城邦的目的就是内在的和派生的。①

城邦不完全依赖于人性，因为城邦的目的还来自于它的功能。亚里士多德在《天象学》中说道，一个事物是什么总是被它的功能决定：一个事物当它能够发挥自身功能时才真正的是它本身；例如，眼睛当它能够看的时候就发挥了它的功能。② 当城邦使它的公民能够自给自足地生活时，它就是完整的城邦。亚里士多德在目的论的意义上将城邦的本性比喻为人、马或家庭的本性，这是为了进一步确立城邦的功能。

二 可能的反对意见

亚里士多德"城邦由于自然而存在"主张的派生内在目的论解释可能会遇到一些反对意见。首先，如果城邦被比喻为鸟巢和蜘蛛网，那么城邦的本性似乎产生于人性，这样一来城邦的目的就不是内在的。"鸟的巢来自于鸟的本性；网来自于蜘蛛的本性；所以城邦来自于人的本性。如果城邦像鸟的巢或蜘蛛的网，那么它就没有它自身的目的。它的目的必定完全依附于它的公民的目的。"③ 这个反对意见其实不能成立，虽然我们可以把城邦与鸟巢和蜘蛛网进行类比，但它们之间还是有些不同。城邦的目的相较于鸟巢或蜘蛛网来说更独立，人没有创造城邦，城邦是进化而来

---

① Elizabeth Siobhan Donoghue-Armstrong, *Teleology*, *Perfectionism and Communitarianism in Aristotle's Political Naturalism*, PhD Dissertation, ProQuest Information and Learning Company, 2004, p. 49.

② ［古希腊］亚里士多德：《天象学》，390a10-15，徐开来译，载苗力田主编《亚里士多德全集》（第二卷），中国人民大学出版社 1990 年版，第 601 页。亚里士多德说道："每物的本性是由其活动的能力决定的；因为每物的真实存在表现在它动作的能力上。例如，眼睛之为眼睛在于它能看到东西，如其不然，就只是名称上的，例如死人的或石雕的眼睛。木锯也不是锯，无异于一个相似物。"

③ Elizabeth Siobhan Donoghue-Armstrong, *Teleology*, *Perfectionism and Communitarianism in Aristotle's Political Naturalism*, PhD Dissertation, ProQuest Information and Learning Company, 2004, p. 51.

的，而鸟巢和蜘蛛网则是被创造的。城邦与鸟巢和蜘蛛网之间的类比仅是用以说明一些实体可以由于自然而存在，无须有运动和静止的内在缘由。

另外一个反对意见是，如果城邦的目的是它的公民的幸福，那么城邦如何独立于它的公民呢？对此，我们可以回应说，城邦不是完全独立于它的公民，但也不是完全依赖于它的公民。同理，如果城邦有完全的内在目的，它就类似于人或有机体，也即它的目的通过自然类的方式源自于它的成员。如果城邦有完全的外在目的，它就是一个人工物。既然城邦由于自然而存在，它就没有外在目的，而是一种派生的内在目的。

从当代政治哲学的观点看，亚里士多德政治自然主义的第一个主张“城邦由于自然而存在”有其合理性。在当代政治哲学中，作为管理或政治机构的“国家”（state）与作为共同体成员的个人群体的“社会”（society）之间有显著区分。亚里士多德实际上也区分了“作为国家的城邦”与“作为社会的城邦”。从当代的眼光看，我们也许很难接受政治制度或政府是由于自然而存在的，因为它们只有根据商议才能产生。但是，我们可以接受作为共同体中生活在一起的个人群体的社会是自然形成的。亚里士多德在《政治学》中讨论的团体（如家庭、村庄、学校和教堂等）都构成社会。在亚里士多德关于城邦起源的论证中，虽然亚里士多德似乎将国家与社会相等同，但是我们至少可以这样来理解：家庭和村庄是在没有任何正式商议或法律的情形下发展起来的，国家再从这样的社会中产生。也即，自然产生一些社会共同体，而政治制度和法律再使这些共同体形式化，这正如亚里士多德所说的一些自然事物需要技艺才能完成或完善。

三　城邦的本体论地位

按照派生的内在目的论解释，城邦最好被理解为自成一类的实体（sui generis），因为城邦不能用亚里士多德的形而上学中任何一个范畴来对应。[①] 因此，如果城邦是独特的、自成一类，那么这就可以解释城邦既由于自然而存在但又需要立法家这样的创立者（这是自然—技艺之间的两难）。在亚里士多德的本体论中，没有任何一个实体具有类似于城邦这种地位。

首先，城邦不是有机体，因为城邦由于自然而存在但不是活的，而且城邦没有灵魂。[②] 亚里士多德说过，“于诸自然物体而言，有些具有生命，有些则无生命；所谓生命，我们指说自行进食（营养）与生长与衰死的功能。每个自然体之具有生命者，于是，必须为一个实是（本体），而且是一个复合级类的实是（本体）。”[③] 他还进一步说道，“有灵魂物所别异于无灵魂物者，就在‘生命（生活）’。但生命（生活）这字具有多方面的涵义，凡具备下述各事之一的，我们就说它是一个有生命物（活物）：心识（理性）、感觉、运动或占有空间位置的静止，于运动而言，这也包括进食、衰坏与生长。因此，所有植物（草木）全都被认为是活的（有生命的）”[④]。从这些论述中，我们可以看到城邦没有拥有有机体的任何一种属性。“城邦不是有机体”还可以从亚里士多德的《政治学》中找到证据：“苏格拉底在政治上所立的前提，可以概括成这样的原则：‘整个城邦的一切应该尽可能地求其划一，愈一致愈好。’可是一个尽量趋向整体化（划一）的城邦最后一定不成其为一个城邦。城邦的本质就是许多分子的集合，倘使以‘单一’为归趋，即它将先成为一个家庭，继而成为

① Elizabeth Siobhan Donoghue-Armstrong, *Teleology*, *Perfectionism and Communitarianism in Aristotle's Political Naturalism*, PhD Dissertation, ProQuest Information and Learning Company, 2004, p. 53.

② 有人可能反对说，城邦由家庭（人）构成，人和家庭都是活的；城邦也有灵魂，城邦精神就是它的灵魂。当然，这是从抽象和类比意义上来说的。我们这里说的“有机体”主要指自然进化出来的生物有机体，所以家庭和城邦当然不是这样的有机体，而且家庭和城邦作为由人组成的整体不一定要具备它的组成部分（人）所具有的所有性质和功能。

③ ［古希腊］亚里士多德：《灵魂论及其他》，吴寿彭译，商务印书馆 1999 年版，412a15-18，第 83 页。

④ 同上书，413a21-26，第 87 页。

一个个人；就单一论，则显然家庭胜于城邦，个人又胜于家庭。这样的划一化既然就是城邦本质的消亡，那么，即使这是可能的，我们也不应该求其实现。”[①]

其次，城邦也不是人工物，因为人工物不可能由于自然而存在，尽管它有立法家这样的创立者。亚里士多德在《形而上学》中说道：“关于创生的事物，有些是自然所成，有些是技术所成，有些是自发所成。”[②] 因此，自然产生的事物与人工所成的事物就被区分开来。人工物由人创造，“没有一个人工产物本身内含有制作它自己的根源。虽然人工产物（例如房屋和其他一切手工产物）的根源存在于该事物以外的别的事物内，但有一些人工产物自身内有这种根源，不过那不是因本性而如此的，只是由于偶性才成为该事物的原因的”[③]。城邦不是人工物还有另一理由，也即它没有设计者或创造者。按照亚里士多德的观点，城邦通过家庭和村庄的发展和延伸自然地生成，立法者只是在城邦已经存在之后才出现。亚里士多德提到立法者的功劳，只是要说明城邦自然地产生，但还需要在人类理性的帮助下发展和完善。

再次，城邦也不是实体，因为城邦没有灵魂且不是有机体。亚里士多德在《范畴篇》中说道：

> 实体，就其最真正的、第一性的、最确切的意义而言，乃是那既不可以用来述说一个主体又不存在于一个主体里面的东西，例如某一个个别的人或某匹马。但是在第二性的意义之下作为属而包含着第一性实体的那些东西也被称为实体；还有那些作为种而包含着属的东西也被称为实体。例如，个别的人是被包含在“人”这个属里面，而“动物”又是这个

① ［古希腊］亚里士多德：《政治学》，吴寿彭译，商务印书馆 1965 年版，1261a14-21，第 45 页。

② ［古希腊］亚里士多德：《形而上学》，吴寿彭译，商务印书馆 1995 年版，1032a13-14，第 135 页。

③ ［古希腊］亚里士多德：《物理学》，张竹明译，商务印书馆 1982 年版，192b29-33，第 44 页。

属所隶属的种；因此这些东西——就是说“人”这个属和“动物”这个种——就被称为第二性实体。①

然而，城邦虽然不是实体，但有其“形式”和“质料”。城邦的形式就是它的政体（或宪法），质料就是它的公民。例如，亚里士多德认为如果城邦是共享同一政治制度的公民共同体，那么当这个政治制度改变了形式而变得不同时，城邦也就不能保持自身同一②；而城邦也必须要有一定数量的公民和一定量的领土。一个东西要成为实体，它必须有“自然”且不是根据约定而存在的（就像活的事物那样）。“这些就是每一事物之本体，因为这是事物所由成为实是的基本原因。又，虽则有些事物不是本体，好些本体却由自然过程凭它们本性形成的，因此这些本体就近乎是这样的性质，这就不是一个要素而是一个原理。”③ 这里的“原理”是运动的内在原理。实体有运动和静止的内在来源，城邦则没有。亚里士多德认为，所有具备这种内在原理的事物都是实体，例如动物、植物、火、水、土、行星、月球和太阳都是实体。实体能够独立存在，而城邦不能独立存在，因为它要依赖于构成它的基本共同体（家庭和村庄）以及公民。因此，只有有机体才是实体。

最后，“城邦”也不属于亚里士多德提出的“十范畴”中的任何一个。亚里士多德的“十范畴”分别为：实体、数量（如两尺长）、性质（如白色的）、关系（如两倍）、地点（如在吕里昂）、时间（如昨天）、姿态（如躺着的）、状况（如穿铠甲）、活动（如烧）、遭受（如被烧）。显然，城邦不归属于其中的任何一个。

---

① ［古希腊］亚里士多德：《范畴篇 解释篇》，方书春译，商务印书馆 1986 年版，2a11-18，第 12 页。

② ［古希腊］亚里士多德：《政治学》，吴寿彭译，商务印书馆 1965 年版，1276b1-11，第 121—122 页。

③ ［古希腊］亚里士多德：《形而上学》，吴寿彭译，商务印书馆 1995 年版，1041b28-31，第 159 页。

因此，城邦在亚里士多德的本体论当中的地位是独特的、自成一体的。亚里士多德从来没有将城邦归属为他的本体论中任何一个范畴，它不是实体、有机体或人工物，但它又具备这三者的部分属性。也就是说，城邦不满足这三者当中任何一个的所有要求，而且也不可能同时是这三者。城邦的这种独特地位可以恰当地解释亚里士多德政治自然主义的第一个主张：城邦由于自然而存在。

第三章　政治动物与完善主义原则

在明确亚里士多德对城邦的本性的定位之后，我们现在转向亚里士多德对人性的讨论。亚里士多德关于人性的断言，即人天生是政治动物，已经成为脍炙人口的名言。同样，关于这个主张的争论也是连绵不断。人们常常拿霍布斯的相反断言来与亚里士多德进行比较，因为霍布斯主张政治秩序或命令是完全人为的建构。那么，政治生活是否在某种程度上根植于生物本性呢？政治学又是否要求人类对自然的征服呢？最近，一些政治学家主张一种达尔文式的社会理论来支持亚里士多德式的自然主义在社会科学领域的复兴，而许多的亚里士多德主义学者开始关注亚里士多德的生物学并对“政治动物”做生物学的理解。在拉里·埃尔哈特（Larry Arnhart）看来，达尔文的生物学就确证了亚里士多德对政治动物的生物学理解。[①] 霍布斯对亚里士多德的批评依赖于自然与文化、本能与习得、动物性与人性之间的二分，而现代生物学的研究可以反驳这种批评。我们接下来谈论亚里士多德政治自然主义的第二个主张：人类本性上是政治动物。

第一节　“人类本性上是政治动物”及其论证

一　人类本性上是政治动物

亚里士多德提出他的政治自然主义第一个主张“城邦由于自

① Larry Arnhart, “The Darwinian Biology of Aristotle’s Political Animals”, *American Journal of Political Science*, Vol. 38, No. 2, 1994, pp. 464–485.

然而存在”之后，紧接着又提出他的政治自然主义的第二个主张“人类本性上是政治动物”[①]。“由此可以明白城邦出于自然的演化，而人类自然是趋向于城邦生活的动物（人类在本性上，也正是一个政治动物）。凡人由于本性或由于偶然而不归属于任何城邦的，他如果不是一个鄙夫，那就是一位超人。”[②] 亚里士多德通过这个断言要传递的意图是：人类比其他群居动物更表现为政治的动物。

亚里士多德稍后给出这个主张的论证。“作为动物而论，人类为什么比蜂类或其他群居动物所结合的团体达到更高的政治组织，原因也是明显的。照我们的理论，自然不造无用的事物；而在各种动物中，独有人类具备言语的机能。声音可以表白悲欢，一般动物都具有发声的机能：它们凭这种机能可将各自的哀乐互相传达。至于一事物的是否有利或有害，以及事物的是否合乎正义或不合正义，这就得凭借言语来为之说明。人类所不同于其他动物的特性就在他对善恶和是否合乎正义以及其它类似观念的辨认（这些都由言语为之互相传达），而家庭和城邦的结合正是这类义理的结合。”[③]

我们可以将亚里士多德支持这个断言的论证勾勒如下：自然不做无用之事，唯人有言语；言语是为了显示有利或有害之事，公正或不公正之事；仅人类拥有善与恶（好与坏）、公正与不公正的观念；而公正与不公正在政治共同体中才能表达；因此，人比其他动物更表现为政治的动物。语言的能力是自然的，并且是人类合作的基础。而自然不做无用之事更表明亚里士多德的目的论，因为自然实体皆有目的，譬如语言的一个基本目的就是表达善恶、公正与否，而政治的公正只出现于城邦当中。

---

① 这个著名论断也可表述为：人是天生的政治动物。

② ［古希腊］亚里士多德：《政治学》，吴寿彭译，商务印书馆 1965 年版，1253a4－6，第 7 页。

③ 同上书，1253a8－17，第 8 页。

二 困难及问题

亚里士多德的这个主张及其论证同样面临一些困难和问题。首先，“政治动物”这个概念的意义不是很明确，因为亚里士多德在不同语境中以不同方式使用了这个概念。其次，将本性（by nature）作为人是政治动物的合理性也令人生疑，因为如果政治学是人类的发明物（至少宪法和政府不是自然产生的），那么它怎么可能是人性的一部分。例如，霍布斯就持有与亚里士多德相反的观点，他认为人类在本性上（或自然地）彼此不和，并且只是为了个人利益或出于恐惧才一起合作。① 最后，亚里士多德在他的论证中诉诸语言能力的作用，看起来正是人类具备语言的能力才使他们成为政治动物，但是语言能力与政治动物之间似乎并不存在必然的联系。

第二节 凯耶特的解释

在凯耶特看来，“一个人本性上是政治动物”提出了两个解释性的问题：一是“政治动物”意指什么；二是“一个人本性上是政治动物”意指什么。②

一 政治动物

在凯耶特看来，亚里士多德是在严格和松散两个层面的意义

① 按照大卫·凯耶特的观点，亚里士多德与霍布斯之间关于政治哲学的一个基本问题是政治共同体的本性。亚里士多德主张政治共同体（即城邦）是类似动物或人的自然实体，而霍布斯则认为政治共同体完全是技艺的产物。因此，霍布斯与亚里士多德不仅在关于城邦的本性上有分歧，而且在人类的本性上也有分歧。凯耶特则支持霍布斯的观点，他认为即使根据亚里士多德自己的哲学原则，政治共同体也应该是实践理性的产物，而不是自然的产物，亚里士多德的政治哲学在起点上就暗含着自相矛盾的观点。参见 David Keyt, “Three Fundamental Theorems in Aristotle's ‘Politics’ ”, *Phronesis*, Vol. 32, No. 1, 1987, p. 54.

② David Keyt, “Three Fundamental Theorems in Aristotle's ‘Politics’ ”, *Phronesis*, Vol. 32, No. 1, 1987, p. 60.

上来使用“政治动物”这个表达式的。[①] 在严格的意义上，政治动物是指居住于城邦中的动物。因此，在《政治学》中，亚里士多德分别将“政治动物”与“政治共同体”、“公民”等相联系。既然城邦不可能由更低等的动物组成，所以严格地说人是唯一的政治动物。但是，宽泛或松散地讲，亚里士多德也把任何动物物种都称作“政治的”。按照亚里士多德自己的说法，政治动物是那些其共有的工作是某个共同事物的动物。依照这个定义，不是所有群居动物都是政治的，除了人之外，只有蜜蜂、蚂蚁和鹤是政治动物。人相较于其他动物最表现为政治的动物，因为只有人类才发展出政治国家。政治动物的共有工作在严格的意义上与他们所属城邦的政体（或宪法）相关。既然每个事物的功能就是它的目的，那么城邦的功能也是它的目的。但是，城邦的目的随着它的政体或宪法而变化。例如，贵族制的目的是德性；寡头制的目的是财富；民主制的目的是自由。因此，一些政体或宪法是依照自然的（也即正宗政体），另一些政体是违反自然的（也即变态政体）。凯耶特认为，按照亚里士多德的原则，由于自然的东西应该在依照自然的事物中被研究，而不是在违反自然的事物中研究。“我们所要考察的就应该是灵魂和身体都在最优良状态中的人，这种人，灵魂统治着他的身体是明确的。我们绝对不可拿那些处于腐坏状态而丧失本性的人作为例子，那些确是腐坏了的或（暂时）腐坏了的人，情况便恰恰相反——他们既丧失自然本性，身体就统治着灵魂。”[②] 如果我们将注意力限制于依照自然的政体或宪法，那么无论何地只有依照自然的政体才是最好的，并且在亚里士多德看来最好的政体是真正的共和制。共和制之所以是最好政体，是因为它实现了城邦的真正目的，也即为它的公民获得好的生活和幸福。在《政治学》中，亚里士多德将好的生活

① David Keyt, “Three Fundamental Theorems in Aristotle's ‘Politics’”, *Phronesis*, Vol. 32, No. 1, 1987, p. 60.

② ［古希腊］亚里士多德：《政治学》，吴寿彭译，商务印书馆 1965 年版，1254a 35-b1，第 14 页。

和幸福定义为德性的现实化和完善使用。因此，亚里士多德的最好城邦公民的共有工作是维持一个共同体，在这个共同体中，每个公民都能够过一种道德和理智的德性生活。简言之，就是形成并维持一个伦理共同体。

二　人与政治动物

凯耶特认为亚里士多德的上述思想将我们引至第二个问题：人本性上是政治动物意指什么。凯耶特问道，这意指人自然地形成政治共同体，就像蜜蜂自然地形成群落一样吗？或者人本性上属于他的最好城邦吗？都不是。[①] 因为如果人本性上是他的最好城邦的公民，那么他们将天生占有道德和理智的德性，而亚里士多德否认这一点。亚里士多德认为，德性既不是由于自然也不是违背自然而产生于我们，而是我们自然地适合来接收它们，并通过习惯来完善。[②] 按照亚里士多德这种自然德性的学说，自然德性是获得一种特殊德性的天生的能力并且符合德性行为的自然理性冲动。比如，拥有节制的自然德性的人就能够变得节制并有一种自然的冲动朝向节制的行为。完全的德性要通过实践智慧和法律引导的习惯来获得。因此，在凯耶特看来，亚里士多德主张"人天生是政治动物"最有可能意指自然赋予人类以公民德性的潜在能力以及生活在城邦中的冲动。[③] 有这样一种冲动就是有公民德性的基础，而不是占有德性本身。

在此意义上，凯耶特认为，"人类本性上是政治动物"其实意指"人类本性上是公民"。城邦中的人的共同目标就是过一种有德性的生活，虽然人类本性上是政治的动物，但是他们没有自动地占有德性，人也没有自动地以蜜蜂和蚂蚁那样的方式形成共

---

① David Keyt, "Three Fundamental Theorems in Aristotle's 'Politics'", *Phronesis*, Vol. 32, No. 1, 1987, p. 61.

② ［古希腊］亚里士多德：《尼各马可伦理学》，廖申白译注，商务印书馆 2011 年版，1103a23-25，第 37 页。

③ David Keyt, "Three Fundamental Theorems in Aristotle's 'Politics'", *Phronesis*, Vol. 32, No. 1, 1987, p. 62.

同体。人类在本性上是政治的动物，因为人类在政治共同体内有天生的能力成为有德性的（动物）。①

在凯耶特看来，亚里士多德实际上提出两个论证来支持“人类本性上是政治动物”的主张。第一个论证是“目的论证”（telic argument），第二个论证是“语言论证”（linguistic argument）。②根据凯耶特的观点，“目的论证”是无效的，因为目的论证是从城邦的自然性中推导出来的。目的论证可以概述如下：城邦是为了自给自足而存在，某事物为了某个目的存在是最好的，所以，城邦为了最好的东西而存在；自然的东西是为了最好的东西而存在，所以，城邦是自然的；因此，人类本性上是政治动物。③凯耶特认为，即使城邦由于自然而存在，但是一些人可能仍然是不合社会的，所以不能进一步得出“人类本性上是政治动物”的结论。

三　困难及问题

凯耶特解释的问题在于他所总结的“目的论证”不符合亚里士多德的本意。亚里士多德从来没有试图从城邦的本性中推导出人类的本性。亚里士多德给出的第一个主张“城邦由于自然而存在”的论证与第二个主张“人类本性上是政治动物”的论证之间确实有某种联系，但是这种联系并非那么紧密，因为第一个主张并不能为第二个主张辩护。这种联系只能表明亚里士多德想要指出城邦与个体之间有共同的东西，也即他们都有共同的目的。因此，亚里士多德的目的论可以同时用来支持这两个主张。亚里士多德说道：“城邦的长成处于人类‘生活’的发展，而其实际的存在却是为了‘优良的生活’。早期各级社会团体都是自然地生

① 凯耶特似乎总是在暗地里借鉴霍布斯的观点，即人不是天生的（或自然的）政治（动物），并且生活在一个违背他们本性的社会当中；政治国家的唯一目的是要确保人与人之间能够彼此保护。

② David Keyt, “Three Fundamental Theorems in Aristotle's ‘Politics’”, *Phronesis*, Vol. 32, No. 1, 1987, pp. 69-73.

③ Ibid., p. 70.

长起来的，一切城邦既然都是这一生长过程的完成，也该是自然的产物。这又是社会团体发展的终点。无论是一个人或一匹马或一个家庭，当它生长完成以后，我们就见到了它的自然本性；每一自然事物生长的目的就在显明其本性（我们在城邦这个终点也见到了社会的本性）。"①亚里士多德在这段论述中十分明显地表达了一种目的论观点。同样，亚里士多德也可将这种观点应用于人类，而且不与其他原则相冲突。事实上我们看到，亚里士多德的确将这种观点应用到人、马和家庭之上。亚里士多德在关于"城邦由于自然而存在"的另一个论证中说道："事物的终点，或其极因，必然达到至善，那么，现在这个完全自足的城邦正该是（自然所趋向的）至善的社会团体了。"②在亚里士多德看来，自给自足既是目的，也是最好的东西。而且，自给自足对于城邦与个体之间的关系以及"政治动物"的概念都是极其重要的。此外，凯耶特没有注意到，亚里士多德认为本性不归属于城邦的任何人，或者是鄙夫，或者是超人（神）。亚里士多德的断言意味着"人类本性上是政治动物"的主张与他的伦理学之间有很强的联系。一个人要完成他的"生成"，必须尽可能充分地实现他的功能，因此他必须生活在城邦当中。

关于"语言论证"，凯耶特认为，亚里士多德把占有语言作为"人类"比其他物种更表现为政治（动物）的证据。也就是说，人类通过语言能够交流对与错、公正与不公正，这对于形成一个共同体是基本的要求。在凯耶特看来，这种语言的交流是一种道德感知，且不是天生的。换言之，人类不是由于自然而是由于居住习惯才是善的，人类必须获得这种道德感知，因为道德感知不能自然地获得。凯耶特进而认为，"语言论证"破坏了"目的论证"。③

---

① ［古希腊］亚里士多德：《政治学》，吴寿彭译，商务印书馆 1965 年版，1252b 28－1253a1，第 7 页。

② 同上书，1253a1－2，第 7 页。

③ David Keyt, "Three Fundamental Theorems in Aristotle's 'Politics'", *Phronesis*, Vol. 32, No. 1, 1987, p. 73.

语言论证意味着人类由于自然拥有的语言而获得有关公正与不公正的道德感知，但实际上这种道德感知本身不是由于自然而获得的，反而是在理性的帮助之下得到的。在《尼各马可伦理学》第二卷有关“道德德性的获得”的讨论中，亚里士多德同样认为有德性不是天生的，德性必定是通过习惯获得的。“所以，德性分两种：理智德性和道德德性。理智德性主要通过教导而发生和发展，所以需要经验和时间。道德德性则通过习惯养成，因此它的名字‘道德的’也是从‘习惯’这个词演变而来。由此可见，我们所有的道德德性都不是由自然在我们身上造成的。因为，由自然造就的东西不可能由习惯改变。”[①]“德性在我们身上的养成既不是出于自然，也不是反乎于自然的。首先，自然赋予我们接受德性的能力，而这种能力通过习惯而完善。”[②]在语言论证中，亚里士多德认为人类由于自然而拥有语言，并且语言使人类能够交流对与错，这种交流的能力是自然的。同样，从错误中辨别正确的能力也是自然的。

凯耶特对亚里士多德的批评的问题在于他“未能区分能力与行为”。亚里士多德的语言论证似乎不是无效的，因为亚里士多德通过强调人拥有交流的自然能力来证明他们可以表达正确与错误的自然能力。人不是生来就有知道对错的能力，但他们生来就有学会辨别对错的能力。因此，凯耶特的解释是失败的。

第三节　米勒的解释

一　“政治动物”的解释

米勒同样认为，亚里士多德关于“人类本性上是政治动物”的主张中有两个问题需要说明：一是“政治动物”意指什么；二

① ［古希腊］亚里士多德：《尼各马可伦理学》，廖申白译注，商务印书馆2011年版，1103a14-19，第36—37页。

② 同上书，1103a22-25，第37页。

是“本性上是政治动物”又意指什么。在米勒看来，“人类本性上是政治动物”这个主张的意义是不清楚的，也是有争议的。事实上，亚里士多德在《政治学》、《动物志》、《尼各马可伦理学》以及《优台谟伦理学》中分别以不同方式提出这个主张。

在《政治学》中，亚里士多德有三处直接或间接地提到这个主张：“由此可以明白城邦出于自然的演化，而人类自然是趋向于城邦生活的动物（人类在本性上，也正是一个政治动物）”[①]；“作为动物而论，人类为什么比蜂类或其它群居动物所结合的团体达到更高的政治组织，原因也是明显的”[②]；“人类自然地应该是趋向于城市生活的动物（人在本性上应该是一个政治动物）”[③]。

在《尼各马可伦理学》中，亚里士多德说道：“人们认为，完满的善应当是自足的。我们所说的自足不是指一个孤独的人过孤独的生活，而是指他有父母、儿女、妻子，以及广言之有朋友和同邦人，因为人在本性上是社会性的。”[④]“繁衍后代是动物的普遍特性。其他动物的异性共同体只是为了繁衍后代，人的此种共同体则不只为生育，也为提供满足生活的需要。”[⑤]“也许把享得福祉的人想像成孤独的也是荒唐的。如只能孤独地享有，就没有人愿意拥有所有的善。因为，人是政治的存在者，必定要过共同的生活。”[⑥]

在《优台谟伦理学》中，亚里士多德说道：“一般说来，所有的公正都与朋友相关；因为公正是对某个合作者而言的，而朋友就是合作者，或者是血缘上的，或者是生活中的。因为人不仅

---

① ［古希腊］亚里士多德：《政治学》，吴寿彭译，商务印书馆1965年版，1253a2-3，第7页。

② 同上书，1253a8-9，第8页。

③ 同上书，1278b20-21，第133页。

④ ［古希腊］亚里士多德：《尼各马可伦理学》，廖申白译注，商务印书馆2011年版，1097b9-12，第18页。

⑤ 同上书，1162a18-20，第275—276页。

⑥ 同上书，1169b17-19，第303页。

是政治动物，也是家族动物，他与其他动物不一样，雄性与雌性的结合不是临时的、凑巧的，就其特性而言，人不是离群索居的动物，而是要合作共处，与本性上亲近的人交往；这样，就有了合作与某种公正，即使还没有城邦。"①

在《动物志》中，亚里士多德则谈道，"动物在生活方式、行为方面的差异有下列一些。有些动物聚生，有些单生，无论它们有足、有翅还是可以凫水；还有一些动物兼涉两种生活，聚生的和（单生的）动物中，有的群居，有的散居。在有翅类中聚生动物有鸽类、鹤、天鹅等，有钩爪者则无一聚生；凫水类中，有大多数种鱼，如所谓的金枪鱼等。人则兼涉以上两种生活。"②

按照米勒的观点，在如此众多不同的提出方式中，问题在于"政治动物"应当狭义地解释还是广义地解释。"政治动物"狭义上意指"确实生活在或者能够生活在城邦当中的动物"。显然，只有人类才符合这个定义。然而，"政治动物"的这种狭义解释似乎不符合亚里士多德的意图，因为他把蜜蜂和蚂蚁也视作政治动物，不过人比蜜蜂和蚂蚁更为政治动物。因此，亚里士多德的确以更广义的方式在使用"政治动物"一词，而且他暗示这个词也应用于非人类的动物。③

"政治动物"的广义解释则是生物学意义上的，并且可以追溯到亚里士多德在《动物志》中的论述。"群居动物中有着为全体所共有的某一特性，这一点并非适用于所有聚生动物。这样的动物有人、蜜蜂、胡蜂、蚁与鹤等。群居动物中有一些服从于某种领导，另一些则不受统治。譬如，鹤与蜜蜂族服从于某一领袖，

---

① ［古希腊］亚里士多德：《优台谟伦理学》，1242a21-28，徐开来译，载苗力田主编《亚里士多德全集》（第八卷），中国人民大学出版社1990年版，第430页。

② ［古希腊］亚里士多德：《动物志》，488a1-7，颜一译，载苗力田主编《亚里士多德全集》（第四卷），中国人民大学出版社1990年版，第7—8页。

③ F. D. Miller, *Nature, Justice and Rights in Aristotle's Politics*, Oxford: Oxford University Press, 1995, pp. 30-31.

而蚂蚁和别的数种生物便不受统治。”[1] 根据亚里士多德的这段论述，我们可以将“政治动物”总结为“拥有某一共同对象的动物”。由此，就有许多动物满足这个定义，而不仅仅是人满足，不过人类明显最满足这个定义（虽然人类有时展现出孤独和好社交这两种相反特性）。然而，“政治动物”的广义解释面临的困难是它的意义仍然在发生变化。例如，亚里士多德在《优台谟伦理学》中的论述表明，当“政治动物”与“家族动物”相比较时，政治动物更多地与城邦相联系。当然，这种意义变化不可能是任意的。米勒认为必定有一种解释适合亚里士多德在《政治学》中关于“政治动物”的最原始表述。[2] 在米勒看来，我们应该从“更政治的”入手。满足“政治动物”的定义也可以是程度的问题。拥有共同功能，或者团体朝向共同功能的目的合作都可以用程度表示，功能或目的越复杂，动物就越表现为政治的动物。例如蜂巢不如家庭那样是政治的，家庭也不如城邦那样是政治的。因此，根据米勒的观点，政治动物应该与其他事物相关联来解释，同时它的每次用法也应该根据语境来解释。[3] 这种解释其实是根据“复杂性”来定义“政治性”。但问题是，为什么复杂性与政治相关？米勒认为我们可以注意到更大的复杂性需要更多个体之间的合作，而政治国家是比任何其他动物共同体更复杂的共同体，而且人类的“共同对象”就是在城邦中得到优良生活，因此，为了这个共同目标，人类就需要更多的合作。

二 “人类本性上是政治动物”的解释

现在，我们再转向“人类本性上是政治动物”这个主张的解

① ［古希腊］亚里士多德：《动物志》，488a9－13，颜一译，载苗力田主编《亚里士多德全集》（第四卷），中国人民大学出版社 1990 年版，第 8 页。

② F. D. Miller, *Nature, Justice and Rights in Aristotle's Politics*, Oxford: Oxford University Press, 1995, pp. 30－31.

③ Ibid., pp. 31－32.

释。在米勒看来，这个主张假定了亚里士多德的自然目的论。人类本性上是政治动物，因为人类拥有天生的政治潜能。亚里士多德实际上也论证过“人类拥有天生的政治潜能”，他认为，人类所不同于其他动物的特性就在他对善恶和是否合乎正义以及其他类似观念的辨认，而家庭和城邦的结合正是这类义理的结合。显然，人类辨认善恶、正义与非正义的能力就是由自然给予的，这种能力是家庭和城邦的基础。

在米勒看来，“政治动物”在这个论证中也应该广义地解释。言语交流使人类比非人类的动物更充分地合作，而且人类是唯一拥有道德感知的动物；道德感知起源于自然，虽然亚里士多德论证过道德德性不是自然的结果，而是习惯的结果，人类不是通过自然而是通过法律和教育从错误中学会正确的东西。米勒认为，亚里士多德可以用不同层次的现实性与潜在性来说明这一点。亚里士多德在《灵魂论及其他》中谈到潜能与现实的差别：“我们必须辨明潜能与现实（隐得来希）之间的差别，到此为止，我们于某为潜在的或某为现实的事物是含混的。我们于‘知识’这词，习用两个命意，（甲）说这是一位‘有知识的人’，因为他是具有‘知识人’这类属的通性，（乙）我们也可以指说一位‘懂得文法的’或有文理的人为‘有智识的人’。两人都潜存有知识，但其为潜在是有差别的；前者所备有的是类属（通性）材料；而后者则具备了能够思想的特殊（专属）材料；具备了能思想的那个特性的人，如果没有什么外因之阻挡，他立即可以思想，就在他思想的时刻，例如想到了‘A’字，这就由他潜在的知识转而表现为现实的知识。原先两人之为有知识（聪明）都只是潜在的；但他们各以成其现实者，却不相同：前者之欲成其为一个现实的‘有知识（聪明）的人’，还须经过一番‘学习’，以变改其素质，这种变改，甚至是须从相反的一端（无知识）进行到另一端（有知识），这么的过程，才得完成；后者所行的变化则是他原本已具有文法知识，不用时便为潜能，一旦予以应用，他就立即实现了它的文法知识（文理）。”① 当我们是拥有一定能力的存在物时，我们就获得第一层次的现实性，例如人类是能够学习语言的存在物。当我们实际上拥有这种能力时，我们就获得第二层次的潜在性，不过我们还没有练习这种能力，例如一个成人实际拥有言说的能力，但他保持沉默。当我们把这种能力现实化时，我们就获得第二层次的现实性，例如，这个成人开口说话。在米勒看来，亚里士多德只需要坚持人类在本性上拥有道德感知的第一层次的潜在性，更高层次的潜在性则要求教育和习惯。因此，人类是拥有道德能力的存在物，其他动物则不是。②

亚里士多德还提出另外一个论证支持他的“人类在本性上是政治动物”这一主张。亚里士多德认为，每个人在本性上都有在城邦中生活的倾向。其一，人类渴望生活在一起，即使不需要其他人的帮助也是如此。其二，人类只有一起生活才能获得过一种高贵生活的机会。其三，为了生活本身，人类也应该生活在一起。“让我们先行研究城邦所由存在的目的，而后及于人类和人类各种社会所接受的各种统治。关于第一个论旨我们在前篇内‘有关家务管理和主奴体系’的卷章中已经涉及，‘人类自然地应该是趋向于城市生活的动物’（‘人在本性上应该是一个政治动物’）。人类虽在生活上用不着互相依赖的时候，也有乐于社会共同生活的自然性情；为了共同利益，当然能够合群（各以其本分参加一个政治团体），各如其本分而享有优良的生活。就我们各个个人说来以及就社会全体说来，主要的目的就在于谋取优良的生活。但人类仅仅为了求得生存，就已有合群而组成并维持政治团体的必要了；世间的苦难如果不太重，生存的实际也许早已包含了一些良好的因素。这是一个明显的现象，许多人忍受着无量忧患，总不肯舍弃自己的生存，以此为证，可知人世虽单纯地

① ［古希腊］亚里士多德：《灵魂论及其他》，吴寿彭译，商务印书馆1999年版，417a22-b2，第101—102页。

② F. D. Miller, *Nature, Justice and Rights in Aristotle's Politics*, Oxford: Oxford University Press, 1995, pp. 33-34.

为生存而生存，其中也未必完全没有幸福的日子和天然的乐趣。”① 鉴于此，在米勒看来，人类选择城邦生活是理性的，因为只有在城邦中人类才能达到他们的自然目的。单个人无法达到这个目的，因为单个人不是自给自足的。如果人类拥有所有必需的资源，他们就能过一种更富足的生活，然而只有城邦才能提供所有这些必需资源。②

三　困难与问题

米勒的解释存在一些问题。首先，米勒主张从广义上解释“政治动物”的含义，也即从生物学意义上来理解，同时他还认为“政治动物”是一个程度的问题。也就是说，米勒赞同人和自然界的其他群居动物一样都是政治动物，只不过人作为政治动物的程度要高，其他动物作为政治动物的程度要低。然而，如果仅仅从生物学的意义上来划分这种程度的高低，我们凭什么说人的政治性就比其他动物要高呢，或者说是所有东西中最高的呢？难道说人类创建的政治国家在功能和目的上大于蜂巢和蜘蛛网吗？恐怕不见得如此。其他动物为了一个共同的目标只是出于本能的反应，而人类是出于观念或意识上的需求。换言之，人类知道为什么要建立政治国家，其他动物则不一定知道它们的目的是什么。此外，人类还知道应该有最好的政体来管理国家，并通过不断地改革和调节来为优良生活的目的服务。因此，米勒对“政治动物”的解释忽视了“政治动物”所具有的超出生物学的意义，这种意义被人类赋予，由此人类才表现为最具政治性的动物。

其次，米勒通过说明人类天生拥有政治的潜能来辩护“人类本性上是政治动物”还不够充分。亚里士多德的确论证人类拥有天生的政治潜能或政治倾向，比如人有道德感知的能力，可以区

① ［古希腊］亚里士多德：《政治学》，吴寿彭译，商务印书馆 1965 年版，1278b 16-30，第 133—134 页。

② F. D. Miller, *Nature, Justice and Rights in Aristotle's Politics*, Oxford: Oxford University Press, 1995, p. 35.

分善恶、正义与非正义等。但是，说人类拥有政治的潜能距离人类实际上拥有政治的能力之间有很大的鸿沟。潜能转化为现实需要许多的条件。比如，亚里士多德天生拥有成为大哲学家的潜能，但这不等于亚里士多德天生就是哲学家。亚里士多德成为哲学家是后天许多条件综合在一起所达成的最好结果，如若条件不成熟，这个结果可能不会发生。因此，亚里士多德断言“人类本性上是政治动物”可能包含更多的寓意，这也是米勒没有充分把握的。

最后，米勒的解释的问题还在于，他忽视了亚里士多德在《政治学》中的完善主义理论，以及亚里士多德的伦理学思想与政治学理论之间的关系。例如，在《政治学》中，亚里士多德认为，人在完善以后就是最好的动物，所以当人与法律和正义分离开来时，他就是所有动物中最坏的。[①] 政治法律和正义只产生于城邦，这个主张暗示人只能在城邦中完善他的本性。然而，米勒主张用人的政治本性来解释城邦的自然性，并认为理性的商讨才使城邦存在。这在某种程度上将城邦变成一个人工物，明显与亚里士多德主张城邦自然产生的理念相悖。

第四节　完善主义原则的解释

按照多诺古—阿姆斯特朗的观点，亚里士多德政治自然主义的第二个主张“人类本性上是政治动物”应该根据他的完善主义来解释，因为亚里士多德做出这个主张是基于他的完善主义道德理论。[②] 人类最好的生活是最充分地实现他作为人的潜能。根据

---

① ［古希腊］亚里士多德：《政治学》，吴寿彭译，商务印书馆 1965 年版，1253a 34-38，第 14 页。

② Elizabeth Siobhan Donoghue-Armstrong, *Teleology, Perfectionism and Communitarianism in Aristotle's Political Naturalism*, PhD Dissertation, ProQuest Information and Learning Company, 2004, p. 79.

亚里士多德的观点，“人的善就是灵魂的合德性的实现活动，如果有不止一种的德性，就是合乎那种最好、最完善的德性的实现活动”①。人的善也是人的活动，一个好人的活动就是良好的、高尚地完善这种活动，一位出色的人就是更有德性地完善他的活动的人。有德性的人最有可能实现他作为理性存在物的自然人的潜能，并且在城邦中可以达到这个目的。在亚里士多德看来，人类有一种本性要成为最好的人，因此，我们必须决定人性是什么以及怎样实现这种本性。这就需要诉诸亚里士多德在《尼各马可伦理学》中的论述。

一　完善主义

一般来说，完善主义是一种道德理论，是有关一种好的人类生活的解释。按照完善主义的观点，人的某些特征构成或定义人性，一位好人以有意义的方式获得这些特征；人类必须实现这些特征，成为好人必须在最可能的程度上实现他的本性。对人类有利的或好的东西是客观的，而不是主观的，好的东西不仅仅是偏好的问题。因此，完善主义是否有效，依赖于这些特征是什么。这些特征不可能是人类拥有的所有特征，因为人的所有特征不可能都与道德相关。所以，只有对于成为人很重要的特征才能包括进这些特征当中。此外，定义人性的这些特征还应该是道德上重要的。换言之，人性是那些构成人的根本的、本质的特征，是每个人都必须拥有的，只有这些特征才表现出人的善。所以，人性不是一组任意的特征，它是人本质的东西，实现这些特征也即是从根本上将“人是什么”现实化。当然，人性的这种描述容易遭受一些反对。有些特征对于人来说也是本质特征，但似乎又与人性无关。例如，“使用火”是人的一个本质特征，但与道德理论无关。这种反对意见其实把人性的重要特征当作人类特殊的特征，

① ［古希腊］亚里士多德：《尼各马可伦理学》，廖申白译注，商务印书馆 2011 年版，1098a16-18，第 20 页。

也即其他物种不具备这个特征。在此，必须要澄清的是，人性是人的根本的、必然为人所独有的属性。对于人类而言是本质的东西，不同于对人类来说必然的或必要的东西，例如占有空间、会使用火可能是成为人所必要的特征，但不是本质的特征，也即不是使人成为人的东西。

二　亚里士多德的完善主义理论

（一）完善主义与亚里士多德的伦理学

根据亚里士多德的完善主义理论，人性被定义为本质上是理性的。[①] 在亚里士多德看来，理性既是人的本质的东西，也是为人性所独有的。亚里士多德的伦理学实际上坚持善的一种客观理论，也就是说，人性以及对于人来说好的东西应该对每个人都是相同的。亚里士多德的人性理论可以概述为：人拥有某些生理的根本特征，而且无论在理论还是实践的意义上都是理性的。[②] 按照胡尔卡（Hurka）的观点，人是理性的，是因为他们能够根据复杂的信念和意向来行为，并以复杂的等级形式来安排。[③] 实践理性从意向和信念中推导出行为，但是理论理性将信念根植于证据之上。当复杂的存在物使用一般的原则从初始的证据信念移动到其他更思辨的信念时，理性就会得到训练。因此，亚里士多德的完善主义就包含三个特征：生理的完善、理论的完善和实践的完善。不过，亚里士多德最核心的主张仍然为：人根本上是理性的。因此，亚里士多德在《尼各马可伦理学》中提出的完善主义主张人性应达到人的功能和目的，而这种功能和目的又等同于人的根本和独特特征的发展，尤其是理性的发展。为此，亚里士多德提出他的功能论证：

① 亚里士多德认为，人性的本质在于灵魂，并且是具有思想的灵魂，在此意义上在于理性。人对道德、善和智慧的追求都因为理性灵魂。

② Elizabeth Siobhan Donoghue-Armstrong, *Teleology*, *Perfectionism and Communitarianism in Aristotle's Political Naturalism*, PhD Dissertation, ProQuest Information and Learning Company, 2004, p. 84.

③ T. Hurka, *Perfectionism*, New York University Press, 1993, p. 37.

> 不过，说最高善就是幸福似乎是老生常谈。我们还需要更清楚地说出它是什么。如果我们先弄清楚人的活动，这一点就会明了。对一个吹笛手、一个木匠或任何一个匠师，总而言之，对任何一个有某种活动或实践的人来说，他们的善或出色就在于那种活动的完善。同样，如果人有一种活动，他的善也就在于这种活动的完善。[①] ……“那么这种活动究竟是什么？生命活动也为植物所有，而我们所探究的是人的特殊活动。所以我们必须把生命的营养和生长活动放在一边。下一个是感觉的生命的活动。但是这似乎也为马、牛和一般动物所有。剩下的是那个有逻各斯的部分的实践的生命。”[②] ……“如果人的活动是灵魂的遵循或包含着逻各斯的实现活动；如果一个什么什么人的活动同一个好的什么什么人的活动在根源上同类（例如一个竖琴手和一个好竖琴手，所有其他例子类推），且后者的德性上的优越总是被加在他那种活动前面的（一个竖琴手的活动是演奏竖琴，一个好竖琴手的功能是出色地演奏竖琴）；如果是这样，并且我们说人的活动是灵魂的一种合乎逻各斯的实现活动与实践，且一个好人的活动就是良好地、高尚（高贵）地完善这种活动；如果一种活动在以合乎它特有的德性的方式完成时就是完成得良好的；那么，人的善就是灵魂的合德性的实现活动，如果有不止一种的德性，就是合乎那种最好、最完善的德性的实现活动。”[③]

亚里士多德在以上的论述中实际上表达了一种完善主义的观点。出色的人能够最好地实现他作为人的功能（或活动），而人

---

① ［古希腊］亚里士多德：《尼各马可伦理学》，廖申白译注，商务印书馆 2011 年版，1097b23-29，第 18—19 页。

② 同上书，1097b32-1098a4，第 19 页。

③ 同上书，1098a7-17，第 19—20 页。

的功能也就是过一种表达德性的生活。这种（德性的）生活最好是在城邦当中，因为人不仅对于自身是有德性的，对于他人也是有德性的，所以人可以在一个共同体之内最好地实现他们表达德性的理性活动。每个功能或活动被很好地完成，就表达了合适的德性，因此，要很好地实现人的功能或活动，就必须有德性地实施。正义是最高的德性，只能在城邦中表达。

> 所以，这种守法的公正是总体的德性，不过不是总体的德性本身，而是对于另一个人的关系上的总体的德性。由于这一原因，公正常常被看作德性之首，“比星辰更让人崇敬”。还有谚语说，“公正是一切德性的总括。”公正最为完全，因为它是交往行为上的总体的德性。它是完全的，因为具有公正德性的人不仅能对他自身运用其德性，而且还能对邻人运用其德性。许多人能够对自己运用其德性，但是对邻人的行为却没有德性。[①] ……“公正所促进的是另一人的利益，不论那个人是一个治理者还是一个合伙者。既然最坏的人是不仅自己的行为恶，而且对朋友的行为也恶的人，最好的人就是不仅自己的行为有德性，而且对他人的行为也有德性的人。因为对他人的行为有德性是很难的。所以，守法的公正不是德性的一部分，而是德性的总体。它的相反者，即不公正，也不是恶的一部分，而是恶的总体。”[②]

亚里士多德的完善主义理论在上述段落中充分表现出来。同样，在《政治学》中表达他的政治自然主义的第二个主张时，亚里士多德的论证也表现出许多完善主义的观点。亚里士多德在论证中注意到人所独有的特征，也即语言的能力。此外，亚里士多德还观察到仅人有道德感知，也就是说只有人能展现出正义的德

① ［古希腊］亚里士多德：《尼各马可伦理学》，廖申白译注，商务印书馆 2011 年版，1129b26－1130a1，第 142—143 页。

② 同上书，1130a4－11，第 143 页。

性。既然表达德性是人性本质的东西，那么道德感知对于人也是本质的，道德感知实现了人性。政治的正义与非正义只显示在政治共同体当中，而人通过德性的行为在城邦中实现其本性。正如竖琴手不能没有竖琴来实现他的功能，人同样不能没有城邦来实现他的功能；竖琴手不能没有竖琴而演奏得好，人也不能没有城邦而以德性的方式充分表达理性。因此，亚里士多德主张“人类本性上是政治动物”，因为人的本性部分在于他们渴望生活于政治共同体的冲动和能力。人实现他的潜能就是表达德性的理性活动，这可以在城邦中完成。

> 人们所由入德成善者出于三端。这三端为（出生所禀的）天赋，（日后养成的）习惯，及（其内在的）理性。就天赋而言，我们这个城邦当然不取其它某些动物品种（禽兽），而专取人类——对人类，我们又愿取其身体和灵魂具有某些品质的族姓。人类的某些自然品质，起初对于社会是不发生作用的。积习变更天赋；人生的某些品质，及其长成，日夕熏染，或习于向善，或惯常从恶。人类以外有生命的物类大多顺应它们的天赋以活动于世界，其中只有少数动物能够在诞世以后稍稍有所习得。人类（除了天赋和习惯外）又有理性的生活；理性实为人类所独有。①

这个段落暗示“人类本性上是政治动物”不仅来自于“天赋”，而且更根本的是通过习惯得来的。这种本性得自于他们作为人种中的成员身份。此外，理性也赋予人追求卓越的潜能，人通过对理性的使用发展出好的习惯。人变得卓越，即是一种完善主义。

亚里士多德在《尼各马可伦理学》中进一步谈道，“幸福也

---

① ［古希腊］亚里士多德：《政治学》，吴寿彭译，商务印书馆 1965 年版，1332a 39-b5，第 390—391 页。

显然需要外在的善。因为，没有那些外在的手段就不可能或很难做高尚（高贵）的事。许多高尚（高贵）的活动都需要有朋友、财富或权力这些手段”[①]。人在一定程度上还需要外在的东西，因为它不是自给自足的。例如，人是有机体，它需要食物、水、住所和衣物等以供生存和繁衍。“人们能够有所造诣于优良生活者一定具有三项善因：外物诸善，躯体诸善，灵魂（性灵）诸善”[②]；“灵魂诸善的所以能够形成并保持德性，无所赖于外物。反之，外物的效益就必有赖于灵魂诸善而始显露”[③]；“那么灵魂之为物，要是在本质上以及它在人生所表达的境界上，比我们的财产或躯体为更可珍贵，最高尚的灵魂也一定比我们最富饶的财产或最健壮的躯体为更可珍贵”[④]；“人类无论个别而言或合为城邦的集体而言，都应具备善性而又配以那些足以佐成善行善政的必需事物（外物诸善和躯体诸善），从而立身立国以营善德的生活，这才是最优良的生活”[⑤]。人的共同目标就是合作性地生活在一起，从而获得自给自足并过上繁荣的生活。如果单个人是自给自足的，那么这不是人，只能是神或野兽。因此，缺乏自给自足（生理特征）就是人性的一个重要特征，这种缺乏迫使人生活在共同体之中。

亚里士多德还进一步将个体的善与城邦的善相等同，这显示他的伦理学与政治学的统一。“尽管这种善于个人和于城邦是同样的，城邦的善却是所要获得和保持的更重要、更完满的善。”[⑥]这种思想在《政治学》中的许多地方都可体现出来。“城邦为若干家庭和（若干家庭所集成的）村坊的结合，由此结合，全城邦

① ［古希腊］亚里士多德：《尼各马可伦理学》，廖申白译注，商务印书馆2011年版，1099a31-33，第24页。

② ［古希腊］亚里士多德：《政治学》，吴寿彭译，商务印书馆1965年版，1323a26-27，第345页。

③ 同上。

④ 同上书，1323b15-17，第346页。

⑤ 同上书，1323b40-1324a2，第348页。

⑥ ［古希腊］亚里士多德：《尼各马可伦理学》，廖申白译注，商务印书馆2011年版，1094b7-9，第4页。

可以得到自足而至善的生活，这些就是我们所谓人类真正的美满幸福”[①]；“（社会（团体）幸福的由来固然应该类似个人幸福的由来，那么）凡能成善而邀福的城邦必然是在道德上最为优良的城邦。人如不作善行（义行）终于不能获得善果（达成善业）”[②]；“城邦幸福和个人幸福究属相同还是相异？这个问题可作明确的答复：大家全都认为两者相同”[③]。这些都体现了《尼各马可伦理学》与《政治学》之间的紧密联系。

（二）完善主义与亚里士多德的政治学

我们现在再来看看亚里士多德在《政治学》中所做出的完善主义断言。“我们谁都力求造诣于各人所能实现的最高最优的宗旨（目的）”[④]；也就是说，我们必须努力在最有可能的程度上实现我们的潜能。“操修理性而运用思想正是人生至高的目的。所以，我们首先应凭理性和思想，调节公民们的生育（婚配）和习惯的训练。”[⑤] 当城邦中的公民有孩子的时候，他们应该关心教育孩子，教育也即“习惯的训练”，教育和训练应该帮助提升和完善人的自然目的。亚里士多德在论述“人类本性上是政治动物”这个主张时就暗含地表达了完善主义的思想。亚里士多德认为，本性上没有城邦的人，或者是可怜的物种（鄙夫），或者是超人。换言之，没有生活在城邦之中的人不能达到人的完善程度，也不能实现他的潜能。因此，当人达到完善时（也即实现作为人的全部潜能），他是最好的动物；当人与法律和正义脱离开来时（也即不是生活在城邦当中），他是最坏的动物，人需要城邦来完善自身。换言之，城邦的生活有益于人的完善，脱离城邦的生活则将阻碍善的实现或使完善成为不可能。正如亚里士多德所认为的那样，当人缺乏德性时，他是最坏、最野蛮、最不像人的动物。

① ［古希腊］亚里士多德：《政治学》，吴寿彭译，商务印书馆1965年版，1280b40-1281a2，第143页。

② 同上书，1323b30-33，第347页。

③ 同上书，1324a5-8，第348页。

④ 同上书，1333a29-30，第394—395页。

⑤ 同上书，1334b15-17，第401页。

城邦的法律通过鼓励德性的行为以及通过教育灌输好的习惯来使人们达到完善。

> 如果一个人不是在健全的法律下成长的，就很难使他接受正确的德性。因为多数人，尤其青年人，都觉得过节制的、忍耐的生活不快乐。所以，青年人的哺育与教育要在法律指导下进行。这种生活一经成为习惯，便不再是痛苦的。但是，只在青年时期受到正确的哺育和训练还不够，人在成年后还要继续这种学习并养成习惯。所以，我们也需要这方面的，总之，有关人的整个一生的法律。因为，多数人服从的是法律而不是逻各斯，接受的是惩罚而不是高尚（高贵）的事物。所以有些人认为，一个立法者必须鼓励趋向德性、追求高尚（高贵）的人，期望那些受过良好教育的公道的人们会接受这种鼓励；惩罚、管束那些不服从者和没有受到良好教育的人；并完全驱逐那些不可救药的人。①
>
> 但是城邦不仅为生活而存在，实在应该为优良的生活而存在；假如它的目的只是为了生活（生存），那么，奴隶也可能组成奴隶的城邦，野兽或者也可以有野兽的城邦，然而在我们现在所知道的世界中，实际上并没有这类城邦，奴隶和野兽既不具备自由意志，也就不会组织那种旨在真正幸福的团体。相似地，城邦的目的也不仅为寻取互助以防御一切侵害，也不仅为便利物品交换以促进经济的往来。②

亚里士多德政治自然主义的第一个主张与第二个主张是相联系的。每个人自然地有生活在政治共同体中的冲动，或者说人由于共同利益生活在一起，合作才允许公民自给自足地生活。因此，

---

① ［古希腊］亚里士多德：《尼各马可伦理学》，廖申白译注，商务印书馆 2011 年版，1179b30-1180a10，第 343 页。

② ［古希腊］亚里士多德：《政治学》，吴寿彭译，商务印书馆 1965 年版，1280a30-35，第 140—141 页。

城邦是处于由于自然而存在的事物当中，而人类本性上是政治动物。为了某东西某事物存在就是它的目的，这种目的是最好的。城邦的目的是自给自足，而城邦的目的与个体的目的相联系，因为自给自足允许个体幸福而高贵地生活，这也是人的目的。

因此，按照完善主义的理论，“政治动物”的正确解释应当依据亚里士多德在《动物志》中给出的定义，也即政治动物是那些其功能或活动是一个共同对象的动物。依据《尼各马可伦理学》中的解释，人的功能就是表达德性的理性活动。表达德性是指很好地实践人的活动，在最可能的程度上实现人的理性。简言之，人作为物种是政治动物，其功能是朝向一个共同对象，具体地说是表达德性的理性活动。

三　可能的反对意见

这种完善主义的解释可能遭遇一些反对意见。第一，亚里士多德的伦理学与政治学之间的联系问题①。亚里士多德在《尼各马可伦理学》和《政治学》中分别提倡不同生活作为最好的生活。如果说亚里士多德的伦理理论与政治理论之间关于许多问题能够达成一致，为什么关于最好生活却有明显不同的解释呢？也就是说，关于“什么样的生活是最值得过的生活”有不同回答。第二，亚里士多德关于“人类本性上是政治动物”的主张遭到霍布斯的反对。霍布斯主张人本性上不是政治动物，而且也不想合作。这一观点在霍布斯的自然状态理论中表现得很清晰。霍布斯的主张是，在政治社会出现之前，人完全生活在无政府统治的自然状态中，这时并不存在支配人类行为的公共权力（即政府）。那么，为什么两位哲学家之间关于人的本性有截然相反的态度呢？这两个问题是我们不得不面对的。

（一）亚里士多德的伦理学与政治学

先看第一个问题。亚里士多德在《尼各马可伦理学》第十卷

---

① 我们在第一章中已经谈到过亚里士多德的伦理学与他的政治学之间的紧密关系，在此可以进一步确证这一点。

第7章“幸福与沉思”中论证，最好的生活是一种孤独的哲学沉思。然而，他在《政治学》中则提倡政治共同体（城邦）中的生活才是最好的生活。对于亚里士多德来说，到底哪一种生活才是最好的生活呢，是一种孤独的哲学沉思，还是参与政治共同体的政治活动？如果人类本性上是政治动物，那么为什么一种孤独的哲学沉思的生活对于人类是最好的生活，而不是后者？关于这种冲突，多诺古—阿姆斯特朗认为，我们可以这样来理解：哲学的沉思生活是一种理想生活，而政治共同体中的政治生活则是一种现实主义的次好生活，所以，人类在本性上是政治动物，我们也可以说人类在本性上应该是哲学动物。[①] 哲学家的生活是一种类似于神的生活，而城邦中的人的生活虽然可以出色地发挥人的潜能，但仅仅是人的生活。在《尼各马可伦理学》中，亚里士多德确实主张最好的生活是哲学家的生活，也即沉思的生活。哲学家的生活是个体主义的，不依赖于其他人来实现。

> 如果幸福在于合德性的活动，我们就可以说它合于最好的德性，即我们的最好部分的德性。我们身上的这个天然的主宰者，这个能思想高尚（高贵）的、神性的事物的部分，不论它是努斯还是别的什么，也不论它自身也是神性的还是在我们身上是最具神性的东西，正是它的合于它自身的德性的实现活动构成了完善的幸福。而这种实现活动，如已说过的，也就是沉思。这个结论与前面所说的是一致的，并且符合真实。因为首先，沉思是最高等的一种实现活动（因为努斯是我们身上最高等的部分，努斯的对象是最好的知识对象）。其次，它最为连续。沉思比任何其他活动都更为持久。第三，我们认为幸福中必定包含快乐，而合于智慧的活动就是所有合德性的实现活动中最令人愉悦的。爱智慧的活动似

① Elizabeth Siobhan Donoghue-Armstrong, *Teleology, Perfectionism and Communitarianism in Aristotle's Political Naturalism*, PhD Dissertation, ProQuest Information and Learning Company, 2004, pp. 101-102.

乎具有惊人的快乐，因这种快乐既纯净又持久。我们可以认为，那些获得了智慧的人比在追求它的人享有更大的快乐。第四，沉思中含有最多的我们所说的自足。智慧的人当然也像公正的人以及其他人一样依赖必需品而生活。但是在充分得到这些之后，公正的人还需要其他某个人接受或帮助他做出公正行为，节制的人、勇敢的人和其他的人也是同样。而智慧的人靠他自己就能够沉思，并且他越能够这样，他就越有智慧。有别人一道沉思当然更加好，但即便如此，他也比具有其他德性的人更为自足。第五，沉思似乎是惟一因其自身故而被人们喜爱的活动。因为，它除了所沉思的问题外不产生任何东西。而在实践的活动中，我们或多或少总要从行为中寻求得到某种东西。①

在亚里士多德看来，沉思的生活是最好的，因为这种生活最类似于神的生活。哲学生活中的理论或理智德性是最高的德性。哲学的生活包含了所有评价特征：德性、连续性、快乐、自足、以自身为目的、闲暇以及最接近于神。此外，在亚里士多德看来，城邦的生活远不是理想的生活。

虽然在政治与战争的实现活动中可以运用德性，但这两种实践都似乎是没有闲暇的。战争不可能有闲暇。（因为没有人是为着战争而进行或挑起战争。只有嗜血成性的人才会为战争和屠杀而对一个友好邻邦宣布战争。）政治也不可能有闲暇。政治总是追求着政治之外的某种东西，即职司与荣誉。即便政治家也追求自身或同邦人的幸福，这种幸福与政治也不是一回事（对幸福的追求也显然被认为与政治不是一回事）。尽管政治与战争在实践的活动中最为高尚（高贵）和

① ［古希腊］亚里士多德：《尼各马可伦理学》，廖申白译注，商务印书馆2011年版，1177a13-b4，第334—335页。

> 伟大，但是它们都没有闲暇，都指向某种其他的目的，并且都不是因其自身之故而被欲求。而努斯的实现活动，即沉思，则既严肃又除自身之外没有其他目的，并且有其本身的快乐（这种快乐使这种活动得到加强）。①

然而，亚里士多德承认，哲学家的生活不是对所有人在实践上都是可能的。实践德性没有展现任何神的因素，它完全是人的因素，因为神没有要求这样的德性。此外，人也需要其他人来展现正义、勇敢和慷慨等德性，这些实践德性是必需的，而且由于生理的必然性，人还要求外在的东西来过最好的生活。但是，理论德性不要求外在的东西，神也不需要公正的行为，所以把正义、勇敢和慷慨等德性归给神是荒谬的。因为神不参与实践行为，所以也就没有实践德性的需求。神不做任何行为，不产生任何东西，那么沉思就是神唯一能够做的行为。既然神是最幸福的，而最幸福的生活必定是沉思的生活，所以，哲学家的生活是最理想的生活。

> 从另一个方面来考虑，也同样可以得出完善的幸福是某种沉思的结论。神最被我们看作是享得福祉的和幸福的。但是，我们可以把哪种行为归于它们呢？公正的行为？但是，说众神也互相交易、还钱等等岂不荒唐？勇敢的——为高尚（高贵）而经受恐惧与危险的行为？慷慨的行为？那么是对谁慷慨呢？而且，设想它们真的有货币等等东西就太可笑了。它们的节制的行为又是什么样呢？称赞神没有坏的欲望岂不是多此一举？如果我们一条一条地看，就可以看到用哪一种行为来说神都失之琐细、不值一提。可是我们一般都觉得它们活着并积极地活动着。我们不认为它们像恩底弥翁那样一

---

① ［古希腊］亚里士多德：《尼各马可伦理学》，廖申白译注，商务印书馆 2011 年版，1177b5-20，第 335—336 页。

> 直睡觉。而如果一种存在活着，这些行为又都不属于它，而它的创造力又最大，那么它的活动除了沉思还能是什么呢？所以，神的实现活动，那最为优越的福祉，就是沉思。因此，人的与神的沉思最为近似的那种活动，也就是最幸福的。[①]

亚里士多德在《尼各马可伦理学》中讨论的是理想生活，而在《政治学》中则更多地讨论实践生活。例如，亚里士多德说道，“政治学方面大多数的作家虽然在理论上各具某些卓见，但等到涉及有关应用（实践）的事项，却往往错误很多。我们不仅应该研究理想的最优良（模范）政体，也须研究可能实现的政体，而且由此更设想到最适合于一般城邦而又易于实行的政体”[②]。亚里士多德也意识到，他在《尼各马可伦理学》中讨论的沉思生活是一种理想生活，但在《政治学》中则必须决定一种最可能的生活。这也意味着，大多数人不可能过一种理想的生活，所以必须确定大多数人可以获得的最好生活。因此，亚里士多德在讨论《政治学》的主要目标时，就是依据现实主义的态度。

> 现在我们应当考虑对于大多数的人类和城邦，究竟哪种政体和哪种生活方式最为优良这个问题，这里，我们所说的优良，不是普通人所不能实现的或必须具有特殊天赋并经过特殊教育才能达到的标准，也不是那些认为只有理想的政体才能达到的标准，我们是就大多数人所能实践的生活以及大多数城邦所能接受的政体，进行我们的研究。[③]“由此引起两个应加考虑的问题。其一为：或者联合其它公民一起参加城邦的各种活动（事业），或者像一个侨居的客人，不与闻一

① ［古希腊］亚里士多德：《尼各马可伦理学》，廖申白译注，商务印书馆 2011 年版，1178b5-24，第 339 页。

② ［古希腊］亚里士多德：《政治学》，吴寿彭译，商务印书馆 1965 年版，1288b 35-39，第 180 页。

③ 同上书，1295a25-31，第 207 页。

切政治，两者孰为较可取的生活？其二为：我们可以假定一个城邦的政治活动乐愿全体公民一致参加，也可以假定只需要大多数公民参加，依据这样的假定，这个城邦应以哪一种政体为最好的政体，怎样的安排为最好的安排？”①

因此，亚里士多德在《政治学》中要找到对于大多数人来说最好的生活。这种最好生活不是根据理智上有德性的沉思生活作为标准，因为沉思生活超出了普通人的范围。亚里士多德也没有根据理想政体来判断这种生活，而是要找出对于大多数城邦而言的一种现实主义的政体。亚里士多德坦言，他想知道在实践上对于每个人来说最值得选择的生活是什么。哲学家的生活是理想的生活，所以《政治学》的任务就是要识别出现实的次好生活。实际上，亚里士多德也主张最好的生活是中道的生活，也即每个人实际上都能达到的中道。中道的生活是最好的生活，就如同中产阶级组成的政治共同体是最好政体。这里的“中道”可以理解为两个极端行为（如过度与缺乏）之间的德性。

总而言之，虽然亚里士多德在《尼各马可伦理学》中主张沉思的生活，但是这种生活是神性的生活，这种沉思生活即便充满理论德性和幸福（最幸福的生活），也仍然是一种极少人能够获得的理想生活。在《政治学》中，亚里士多德认识到一种实践上对于每个人最好的生活才是最重要的。既然理论德性不可通达于大多数人，而次好的生活是一种实践德性，那么实践德性的生活不仅是最好的，也实现了人表达德性的理性活动的功能。一言概之，人要实现他的本性，就必须生活在城邦当中，因此人的本性就将人定义为政治动物。

（二）亚里士多德与霍布斯

我们前面已经提到过，亚里士多德政治哲学的许多观点遭遇

① ［古希腊］亚里士多德：《政治学》，吴寿彭译，商务印书馆 1965 年版，1324a13–18，第 349 页。

的争议和批评在很大程度上来自于霍布斯，实际上人们常常将两位哲学家的政治观点进行对比。在其名作《利维坦》（*Leviathan*）第 21 章中，霍布斯对亚里士多德主义的政治哲学有过讨论。“在西方世界中，我们被迫接受来自亚里士多德、西塞罗以及其他希腊和罗马人关于国家制度和权利的意见，也即生活在流行的国家中，不是从自然的原则推导出那些权利，而是把它们改写成书本，从他们自己的流行国家的实践出发。就像语法家从时间的实践中描述语言的规则，或者从荷马（Homer）和维吉尔（Virgil）的诗歌中描述诗歌的规则……”① 霍布斯意图告别古典哲学，尤其是在政治理论方面，而且他对亚里士多德的自然哲学（形而上学）和政治哲学都展开严厉批评。②

在《论公民》（*De Cive*）的第一章中，霍布斯认为，亚里士多德关于“人类本性上是政治动物”是错误的，我们本性上没有去寻求属于我们自己的社会，但我们可以从社会中得到某种荣誉和利益。因此，人不是本性上为了适应社会，而是通过教育适应社会。③ 霍布斯实际上是对亚里士多德政治理论的误解。他过于强调亚里士多德把人类包括在与蜜蜂和蚂蚁相同的范畴当中，而霍布斯对亚里士多德的批评都源于人类与这些群居动物之间的比较。④ 事实上，亚里士多德也并非根据人和非人都属于政治动物的范畴，从而推导出人本性上是政治动物。政治动物适应于其他非人的群居动物与“人类本性上是政治动物”的合理性无关。任何人都会承认人类与这些非人类的群居动物物种之间有重要差别，而亚里士多德对这种差别不是很感兴趣，所以霍布斯基

① 转引自 J. Laird, “Hobbes on Aristotle's ‘Politics’”, *Proceedings of the Aristotelian Society*, Vol. 43, No. 1, 1942, p. 1。

② J. Laird, “Hobbes on Aristotle's ‘Politics’”, *Proceedings of the Aristotelian Society*, Vol. 43, No. 1, 1942, pp. 1-20.

③ T. Hobbes, *De Cive or the Citizen*, edited by S. P. Lamprecht, New York University Press, 1949, pp. 21-22.

④ Elizabeth Siobhan Donoghue-Armstrong, *Teleology, Perfectionism and Communitarianism in Aristotle's Political Naturalism*, PhD Dissertation, ProQuest Information and Learning Company, 2004, p. 109.

于这种比较来批评亚里士多德是失败的。

霍布斯在《利维坦》中提出六种理由来说明为什么“人类不是政治动物”：（1）人总是不断地互相竞争以获取荣誉和尊严，这种竞争导致嫉妒、憎恨和战争；（2）人区分开共同的善与个体的善，而且人总是偏好于个体的善；（3）人经常认为他们能比当前的统治者统治得更好，所以他们总是发动战争和革命；（4）人使用语言来操纵其他人；（5）人区分开偶然伤害和故意伤害并在这种能力基础上引起麻烦；（6）政治协议是人为的，不是自然的。[①] 然而，在我们看来，这些理由似乎都不能成立。首先，第一个理由太牵强。假如人类在大多数时候都不合作，不与政府或法律合作，那么人类从来就不可能做出任何进步。人虽然互相竞争和冲突，但是合作仍然多于竞争。其次，虽然人更偏好于个体善，但共同善也是个体善。即使合作源于自利，但人也在有利于群体的过程中获利。再次，认为自己能比当前统治者统治得更好进而发展革命或战争的人毕竟是少数人，不能算作人的本性。另外，最后三个理由都不能得出“人本性上不是政治动物”的结论。亚里士多德虽然在《动物志》中将人与其他物种放在一起比较，似乎都可算作政治动物，但在《政治学》中他又将两者分离开来，强调人比其他物种更显得为政治的动物，所以成为政治动物是一个度的问题。亚里士多德不是要把人比喻为其他物种，而是要证明人的政治本性。

多诺古—阿姆斯特朗设想的最后一个可能的反对意见涉及自然主义谬误：既然人本性上是理性的，那么他们应当在最可能的度上发展这种理性。有时，从“是”的陈述推出“应当”的陈述并非总导致错误，例如麦金泰尔就认为我们可以从事实前提推导出价值判断。[②] 事实上，亚里士多德的论证也不会遭受这种谬误，因为他的理论规范性是建立于前提之中的：如果人的活动是灵魂

① T. Hobbes, *Leviathan*, edited by R. Tuck, Cambridge University Press, 1996, pp. 119-120.

② A. MacIntyre, *After Virtue*, Notre Dame University Press, 1984, p. 58, 148.

的遵循或包含着逻各斯的实现活动，如果一个人的活动同一个好人的活动在根源上同类，且后者德性上的优越总是被加在他那种活动前面，那么，我们可以说，人的活动是灵魂的一种合乎逻各斯的实现活动与实践，且一个好人的活动就是良好地、高尚（高贵）地完善这种活动。[①]

此外，自然主义谬误还可以演变为这样一个反对意见：人性如何与道德相连？换言之，人性如何可能涉及道德，德性如何能够实现人性？[②] 一位有德性的人比一位不道德的人更理性看起来是不可能的。如果理性被定义为使用它来追求人的目的，那么罪犯与行善者可能一样理性。当然，亚里士多德可以回应说，人不是必然有德性，但人天生有能力成为有德性的，也即他们需要习惯和训练成为有德性的。在这种意义上说，罪犯和慈善家一样理性，但罪犯没有很好地实现他的功能，也即有德性地做某事。还有一个相关问题是，按照亚里士多德的人性观念，胎儿、精神发育迟缓的人、昏迷不醒的人是否都算作人。事实上，他们仍然算作人，因为人本质的东西是理性的潜能，亚里士多德的不同层次的潜能的区分就说明这一点。再一个接踵而来的反对意见是亚里士多德的伦理学是关涉自我的（self-regarding），也就是说，要成为一个好的、有道德的人，我们必须尽可能地完善自己，关涉他人（other-regarding）的义务显得不重要。事实上，这是一种误解。亚里士多德的伦理学是完善主义的，人也应该帮助他人达到完善。当然，一位行为者比起帮助他人完善更容易完善自己。但是，完善主义也有反对意见，因为它主张善是客观的。自由主义者则主张善的理论应尽可能精简，一个人应该自己决定对他而言什么是要追求的善。事实上，亚里士多德认为，对于我们来说，

① ［古希腊］亚里士多德：《尼各马可伦理学》，廖申白译注，商务印书馆 2011 年版，1098a7-17，第 19—20 页。

② Elizabeth Siobhan Donoghue-Armstrong, *Teleology, Perfectionism and Communitarianism in Aristotle's Political Naturalism*, PhD Dissertation, ProQuest Information and Learning Company, 2004, p. 113.

善涉及表达德性的理性活动，人可以通过无限多的方式来训练德性和理性。当代自由主义哲学家罗尔斯在《正义论》中也提出了与亚里士多德非常相似的“善”的定义，即“善的定义是纯粹形式的。它径直地说，一个人的善取决于他根据慎思的理性会从最高级的计划中选择的那项合理生活计划”。[①] 由此可见，不论是在亚里士多德的定义中还是在罗尔斯的定义中，人都必须运用他的理性或逻各斯来选择和规划他的生活和社会行为。

① ［美］罗尔斯：《正义论》，何怀宏等译，中国社会科学出版社2009年版，第335页。

第四章　城邦的优先性与共同体原则

亚里士多德谈论完城邦的本性（政治自然主义的第一个主张）和人的本性（政治自然主义的第二个主张）之后，紧接着很自然地进入到政治自然主义的第三个主张：城邦在本性上优先于个体，也即城邦与个人的关系问题。因此，亚里士多德政治自然主义的第三个主张是基于前两个主张并从前两个主张中推导出来的。城邦之于个人的极大优先性常常使亚里士多德的政治主张遭受极大的误解和批评。

第一节　城邦之于个人的优先性

一　“城邦在本性上优先于个体”

在提出政治自然主义的两个主张之后，亚里士多德紧接着提出第三个主张：城邦在本性上优先于个体。亚里士多德给出的论证如下：

> 我们现在就进而论述城邦，城邦（虽在发生程序上后于个人和家庭），在本性上则先于个人和家庭。就本性来说，全体必然先于部分；以身体为例，如全身毁伤，则手足也就不成其为手足，脱离了身体的手足同石制的手足无异，这些手足无从发挥其手足的实用，只在含糊的名义上大家仍旧称之为手足而已。我们确认自然生成的城邦先于个人，就因为

> （个人只是城邦的组成部分，）每一个隔离的个人都不足以自给其生活，必须共同集合于城邦这个整体（才能让大家满足其需要）。[1]

如同亚里士多德政治自然主义的前两个主张一样，这个主张及其论证也需要正确的解释。事实上，这个主张与前两个主张都是有关系的，“城邦在本性上优先于个体”可能与城邦的本体论地位以及“人类本性上是政治动物”相关联。同时，这个主张的论证也存在一些困难。例如，亚里士多德将城邦与人的身体之间的比较，以及“优先性”、“同音异义词”（homonymy）和“功能”等概念的含义。这些概念在亚里士多德的哲学中都有不同的意义，我们必须明确在这个论证中，这些概念该采取哪种意义。此外，亚里士多德在论证中把城邦与个体之间的关系比作整体（或全体）与部分之间的关系，所以，我们还须明确个体在什么方面是整体（即城邦）的一部分。

二　极权主义的指控

当然，亚里士多德的这个主张导致的最严重后果是极权主义（totalitarianism）的指控。例如，卡尔·波普（Karl Popper）就认为柏拉图和亚里士多德都是极权主义者和平等主义的反对者。[2]事实上，亚里士多德的观点也的确容易导致极权主义，因为亚里士多德从没讨论过对政府进行限制以及自由的政治重要性。在他的这一命题中含有这样一种观念，即统治是一种自然观念，但是他的论证没有显示针对自然统治范围的任何自然的限制。此外，亚里士多德所要求的自由地行动以达幸福不是指称政治自由；而且，亚里士多德在《政治学》第四卷中讨论职位，并认为政府应

① ［古希腊］亚里士多德：《政治学》，吴寿彭译，商务印书馆 1965 年版，1253a 19-26，第 8—9 页。

② ［英］波普：《开放社会及其敌人》，杜汝楫、戴雅民译，山西高校联合出版社 1992 年版，第 96 页。

该控制几乎所有事情，这就暗示亚里士多德的确有极权主义的倾向。例如，没有粗俗的言谈，喜剧的审查，国家在孩子教育中的作用，男女的婚姻，生产的管理，等等，亚里士多德认为这些都是政府应该管理的事情。因此，亚里士多德相信社会中的大多数问题都是国家应予解决的问题。城邦优先于个体意味着个体是城邦的一部分，就像手是身体的一部分，所以国家占有个体；人本性上是政治动物，也即人本质上是公民，公民依赖于国家，所以人也依赖于国家；成为一个人，就是成为国家的人，因此，关心人也必定要关心国家。亚里士多德的观点意指人就像机器上的齿轮或发动机上的火花塞，是国家的一部分。

第二节　凯耶特的解释

一　四种类型的优先性

凯耶特认为，亚里士多德区分了一个事物先于或后于另一个事物的许多种情形，其中与亚里士多德关于城邦之于个体的优先性论证相关的是以下四种优先性：产生上的优先性、实体上的优先性、形式上的优先性和自然上的优先性。[①] 一个事物在实体上先于另一个，当且仅当，一个事物比另一个事物更充分地发展或更充分地实现。因此，根据亚里士多德的原则，在产生上靠后的东西却在实体上是在先的。例如，成人在产生上后于孩子，但在实体上先于孩子，所以城邦在产生上后于但在实体上先于村庄、家庭和个体。凯耶特认为，亚里士多德关于城邦的自然性的主要论证也依赖于这个事实。[②]

一个事物在形式上先于另一个，当且仅当，这个事物在另一个事物的形式中提到，而不是相反。例如，直角在形式上先于锐

① David Keyt, "Three Fundamental Theorems in Aristotle's 'Politics'", *Phronesis*, Vol. 32, No. 1, 1987, p. 63.

② Ibid., p. 64.

角，因为锐角是小于直角的角。因此，根据亚里士多德关于人和城邦的定义，两者都不是在形式上先于另一个。既然人是政治动物，人的形式就提到城邦；而既然城邦是自由人的共同体，城邦的形式也就提到人。就像士兵是军队的一员，而军队又是士兵所组成的团体。

一个事物在自然上先于另一个，当且仅当，一个可以没有另一个而存在，而不是相反。例如，太阳自然地先于任何植物，因为太阳可以没有植物而存在，但植物不能没有太阳而存在。因此，按照凯耶特的观点，亚里士多德说“城邦本性上先于家庭和我们每个人”大概意指个体或家庭可以脱离城邦而存在，因为他解释过家庭在城邦之前存在并因此可以独立于城邦。

实体上的优先性和形式上的优先性都不蕴含自然上的优先性。比如，房子在实体上先于构成它的砖和石头，但在本性上后于砖和石头，因为砖和石头可以没有房子而存在，但房子不能没有砖和石头而存在。歌舞剧在形式上先于歌舞人，但在本性上后于歌舞人，因为人可以不必出演歌舞剧而存在，但歌舞剧不能没有歌舞人而存在。因此，城邦在实体上先于个体并不蕴含它在自然上也先于个体，城邦也不可能在形式上先于个体。此外，实体上的优先性和自然上的优先性都不蕴含自然存在①。

二　城邦的优先性

在凯耶特看来，亚里士多德的“城邦本性上优先于个体”（即优先性论题）这个主张是《政治学》中最具挑衅性的断言。②凯耶特将亚里士多德得出这个结论的论证称作“有机论证”（the organic arugment）。在凯耶特看来，亚里士多德一开始想证明城邦在本性上优先于个体（优先性论题），但是他后来得出的结论似乎是这个论题与“城邦由于自然而存在”这个命题相一致。现在

① David Keyt, “Three Fundamental Theorems in Aristotle’s ‘Politics’”, *Phronesis*, Vol. 32, No. 1, 1987, p. 65.

② Ibid., p. 77.

问题是，这个论证是证明了两者，还是仅仅只是城邦的自然性的进一步论证。凯耶特认为，这个问题的解决有赖于优先性原则有多普遍。换言之，就是“整体必然地先于部分”这个原则是应用于每个整体，包括自然的和人工的，还是只应用于自然整体。[①] 如果这个原则只应用于自然整体，那么它可以应用于城邦，同时只需要假定城邦是一个自然实体。否则的话，它就不能用来证明城邦由于自然而存在。所以，如果优先性原则只应用于自然整体，那么有机论证的结论就必定只是优先性论题。

凯耶特认为“城邦本性上优先于个体”这个主张意味着当个体与城邦分离时，个体就丧失了他的人性（humanness）。因此，这个主张显然是错误的。凯耶特进一步给出一个反例说明这一点。[②] 假如有一个人叫 Philoctetes，他被毒蛇咬伤且不可治愈，因而与城邦分离开来，被迫孤立地生活。假设 Philoctetes 不是神，也不是亚里士多德所讲的“本身是自给自足的，因而不需要城邦”的那种人。在凯耶特看来，优先性论题就蕴含任何给定的城邦可以没有 Philoctetes 而存在，但是并非 Philoctetes 脱离城邦而存在。“说 Philoctetes 不能脱离城邦而存在不是说他像一只蜜蜂与蜂群分离开来，没有城邦将会死去，而是说他不再成为一个人并且堕落到低等动物的水平。”[③] 换句话说，根据亚里士多德的观点，由于这个人与城邦分离开来，他就不能称为一个人，只是名称上的人而已。[④]

凯耶特认为，优先性论题的结果不仅是挑衅的，而且它根据亚里士多德自己给定的原则得出的结论也是错误的。[⑤] 因为 Philoctetes 不能加入城邦不是摧毁人性的那种无能为力。按照凯耶特的看法，A 不能做 B 有两种方式：A 可能缺少做 B 的能力或技能，

① David Keyt, “Three Fundamental Theorems in Aristotle's ‘Politics’”, *Phronesis*, Vol. 32, No. 1, 1987, p. 74.

② Ibid., p. 77.

③ Ibid., pp. 77-78.

④ Ibid., p. 78.

⑤ Ibid..

或者A可能有这种能力或技能，但缺少做B的机遇。比如，未经木工训练的人与没有工具和材料的工匠都不能建造房子，但他们是在不同的意义上说的。未经木工训练的人不是工匠，但是没有工作的工匠仍然是工匠。凯耶特借此认为，孤立生活的Philoctetes就像没有工作的工匠。既然他是由于不幸而脱离城邦，而不是由于缺少与其他人一起生活的能力，所以他仍然是一个人，就像没有工作的工匠仍然是一个工匠。也就是说，这个人没有丧失成为人的能力，他只是失去了成为人的机遇。[1] 因此，根据亚里士多德在其他著作中提出的哲学原则，孤立生活的Philoctetes仍然是一个人。既然优先性论题蕴含相反的结论，那么它必定是错误的。

凯耶特进而认为，如果亚里士多德政治自然主义的第三个主张是错误的，那么他的第一个主张也是错误的。第三个主张依赖于三个前提：自然整体优先于它的部分；个体是城邦的部分；城邦是一个自然整体。既然第三个主张是错误的，那么这三个前提中“城邦是一个自然整体”也是错误的。基于此，凯耶特认为，亚里士多德政治自然主义的三个主张都是错误的，因为它们的论证都有缺陷；按照亚里士多德自己的哲学，他应该坚持城邦是人的理性的人工产物。

三　困难及问题

凯耶特的解释存在一些问题。首先，凯耶特没有说清的一个问题是：城邦本性上优先于个体并且城邦由于自然而存在，还是仅仅城邦本性上优先于个体。按照亚里士多德在《政治学》中的论述，“我们确认自然生成的城邦先于个人，就因为（个人只是城邦的组成部分），每一个隔离的个人都不足以自给其

① David Keyt, “Three Fundamental Theorems in Aristotle's ‘Politics’”, *Phronesis*, Vol. 32, No. 1, 1987, p. 78.

生活，必须共同集合于城邦这个整体（才能让大家满足其需要）”①。按照凯耶特的看法，亚里士多德实际上断言“城邦在本性上优先于个体并且城邦由于自然而存在”。然而，在什么程度上亚里士多德将城邦与个体之间的关系扩展到整体与部分的关系（也即整体优先于部分）呢？“就本性来说，全体必然先于部分。”② 这里的“整体”是自然整体，还是也包括人工整体？既然亚里士多德认为城邦是一个自然实体，那么这里的整体就是自然整体。在凯耶特看来，亚里士多德在这个论证中只想证明城邦之于个体的优先性，城邦由于自然而存在的观点只是某个更早论证的结论。凯耶特认为，亚里士多德在这个论证中辩护了优先性原则：每个自然整体在本性上优先于它的部分。例如，人的身体死去了，手和脚就不再是手脚，只不过音形相同而意义不同，因为手脚不能没有身体而发挥作用。根据凯耶特的观点，优先性原则似乎只对自然整体才起作用，它不能应用于人工整体，例如，马车上的车轮被移走之后仍然是一个有用的车轮。因此，亚里士多德这个主张的理由只能是，个体不是自给自足的，他是城邦（自然整体）的一部分，如果脱离了城邦就不能发挥作用。

其次，凯耶特给出的 Philoctetes 的反例并不令人满意。在我们看来，Philoctetes 是自给自足的，所以他没有孤立于共同体，至少不是由于自然而孤立的。他不是动物，也不是神，他只是被偶然分离开来。亚里士多德说过，由于自然而不是由于偶然没有生活在城邦中的任何人，或者是鄙夫，或者是超人。Philoctetes 只是由于机遇不好而被孤立，不是由于先天的本性。自然（本性）与机遇之间的区分很重要，凯耶特没有认识到这一点。

再次，凯耶特给出优先性原则的反例也是不成功的。脱离马车的车轮同样不能发挥其作用。车轮如果没有损坏，它要发挥其

① ［古希腊］亚里士多德：《政治学》，吴寿彭译，商务印书馆 1965 年版，1253a23-26，第 9 页。

② 同上书，1253a20-21，第 9 页。

功能的话，必须依附一个轮轴来推动车辆运行。仅仅说单独的车轮可以滚动，这不是车轮的功能。因此，脱离开自然位置的实体只是在名义上是那个事物，因为它失去了实现其功能的能力，比如脱离身体的手足只是名义上的手足。车轮从能够实现其功能的地方脱离开来，所以它只在名义上仍然是那个事物，虽然它仍然具备实现其功能的能力，只不过在错误的位置。因此，亚里士多德正确的比喻应该是：脱离城邦的个体就像脱离马车的车轮，而不是像脱离身体的手足。

最后，凯耶特的解释是，城邦是一个自然整体并且是一个有机体，因此个体与城邦的关系就如同手足和身体之间的关系。这种解释可以帮助我们理解个体不能脱离城邦发挥作用，就像手足不能脱离身体发挥作用。而且这种解释也可以使凯耶特列举 Philoctetes 的反例。然而，事实上，Philoctetes 并不是变得不像人，而是他未能实现作为人的全部潜能。亚里士多德没有说不归属城邦的人是非人（inhuman），他只是说本性上不归属城邦的人是鄙夫或超人。与他人孤立开来的人不能在共同体之外实现他的潜能，因为没有人是自给自足的，每个人都需要城邦。因此，亚里士多德真实的意思是说：根据人的定义，人都需要城邦，如果一个活的存在物在本性上不需要城邦，那么这个活的存在物就不是人，并不是简单地说没有城邦的人就是动物。Philoctetes 不是在本性上没有城邦，而是偶然地没有城邦，他仍然是人，因为他也需要共同体。自给自足且本性上不需要城邦的人才不是人，因为人不是自给自足的。

第三节　米勒的解释

一　优先性的两种不同解释

对于亚里士多德的政治自然主义的第三个主张“城邦在本性上优先于个体”，米勒提出了两种解释。第一种解释是“分离中的优先性”（priority in separateness）。根据这种解释，亚里士多德关于这个主张的论证的关键在于，他把活的事物和器官与城邦和公民进行类比。胳膊在分离上后于整个身体，也即是说，身体可以没有胳膊而存在，但胳膊不能没有身体而存在。“在另一意义上灵魂就不先于全体，因为它不能离开整个动物而存在；因为在一个活动物身上时是一个指，但一只死指就只名称是‘指’，而实际已无复‘指’的真义了。”[①] 同样，城邦可以没有公民而存在，但公民不能没有城邦而存在。换言之，城邦在分离性上是优先的。米勒将这种解释具体表述如下：一切事物都被其功能和能力所定义，如果没有这些功能和能力，它们只能在名称上算作相同的事物；部分用于它的功能和能力，只有当它是整体的部分；所以，如果部分从整体中被移除，它就不再存在，只是名称上存在；整体可以离开部分而存在；所以，整体在分离性上优先于部分；如果个体与城邦分离开来，它就不是自给自足的；个体之于城邦就像部分之于整体；因此，城邦在分离性上优先于个体。[②]

米勒的第二种解释是“完整性上的优先性”（priority in completeness）。根据这种解释，城邦在完整性上优先于公民。城邦是完整的、自给自足的，而脱离城邦的公民则不是。在亚里士多德看来，自给自足（完整性）是城邦的属性，不是个体公民的属性。个人只有通过合作、与他人生活在一起才是自给自足的。这种解释可以具体表述如下：一切事物都被其功能和能力所定义，如果没有这些功能和能力，它们只能在名称上算作相同的事物；当作为整体的有机体毁灭时，它的部分也毁灭；所以，如果部分脱离于整体，它就不能实施它的功能；而且，这样的部分不是自给自足的；但整体是自给自足的（大于部分）；所以，整体在完整性上优先于部分；当个体与城邦分离开来时，它不是自给自足

① ［古希腊］亚里士多德：《形而上学》，张竹明译，商务印书馆 1995 年版，1035b23-25，第 144 页。

② F. D. Miller, *Nature, Justice and Rights in Aristotle's Politics*, Oxford: Oxford University Press, 1995, p. 48.

的；而个体是城邦的部分，因此，当个体与城邦分离时，它不能实施它的功能；城邦是自给自足的，所以，城邦在完整性上优先于个体。因此，根据这种解释，城邦是自给自足的，公民则不是，所以城邦在完整性上优先于公民。个人在极端条件下脱离城邦也能存在，但脱离于城邦时，个人只是名称上的人。

关于 Philoctetes 的问题，米勒仍然借用亚里士多德对不同层次的潜在性和现实性的区分来说明。处在第一层次的潜在性的 Philoctetes 拥有学会德性的能力，可以生活在城邦之外，但他不能脱离城邦而提升到第二层次的潜在性（或第一层次的现实性），也即实际上学会德性，因为这需要教育和习惯才能做到。他也不具备在脱离城邦的情况下提升到第二层次的现实性，也即现在就是有德性的人，因为他需要城邦才能做到这一点。根据亚里士多德的观点，除非 Philoctetes 在某个时间点上生活在城邦之中，否则他没有处在第一层次的现实性，也没有进步到第二层次的现实性。而在米勒看来，处在第一层次的潜在性或第一层次的现实性的 Philoctetes 不再像人，因为他没有实现他的潜能。[①]

米勒也认为亚里士多德政治自然主义的第一个主张“城邦由于自然而存在”与第三个主张“城邦本性上优先于个体”之间有联系。第一个主张是说，城邦为了促进公民的自然目的而获得自给自足；第三个主张则意指人类不能没有城邦而实现他们的目的。第三个主张没有暗示城邦是实体或有机体，而是依赖于共同体原则（the principle of community）：人只有在城邦中才能够实现他们的潜能。城邦是一个共同体，所以它才是一个整体，它的目的就是每个个体都要达到的目标。

二　问题

米勒解释的问题是，它没有认识到这个论证中“同音异义

① F. D. Miller, *Nature, Justice and Rights in Aristotle's Politics*, Oxford: Oxford University Press, 1995, pp. 52-53.

词”的重要性。米勒认为，脱离城邦的个体只是名称上的人（个人），就像脱离于身体的手。但是，两者之间的类比是不一样的，因为手不再是手，但人仍然是人。此外，关于亚里士多德提出的优先性的哪一种意义适合于政治自然主义的第三个主张，以及这个主张面临的各种误解，米勒都没有明确地解决。

第四节　共同体原则的解释

针对凯耶特和米勒的解释存在的问题，多诺古—阿姆斯特朗在他们的基础上提出另外一种解释。她首先将亚里士多德关于“城邦本性上优先于个体”的论证重构如下[①]：

（1）整体必然地（在本性上）优先于它的部分。

（2）事物根据其功能来定义它是什么。

（3）身体是整体，手足是部分。

（4）如果身体死亡，手足只是名义上存在，因为它们不能实现其功能。

（5）城邦是整体，个体是部分。

（6）与整体分离的部分不是自给自足的。

（7）与城邦分离的个体不是自给自足的。

（8）如果不归属城邦的个体不是自给自足的，那么城邦在本性上优先于个体。

（9）所以，城邦在本性上优先于个体。

多诺古—阿姆斯特朗认为，我们首先需要明确亚里士多德所提出的这个主张中的“优先性”是指什么意义上的优先性。换言之，在什么意义上城邦优先于个体？在她看来，要弄清优先性的含义，我们必须回到亚里士多德的著作当中。亚里士多德在《范

① Elizabeth Siobhan Donoghue-Armstrong, *Teleology, Perfectionism and Communitarianism in Aristotle's Political Naturalism*, PhD Dissertation, ProQuest Information and Learning Company, 2004, pp. 136-137.

畴篇》和《形而上学》中曾对“优先性”概念有过详细讨论，并且做出不同含义的区分。优先性概念在亚里士多德的哲学中有许多种含义，问题是哪一种含义比较适合于他在《政治学》中所提出的这个主张。亚里士多德曾说过，实体在每种重要意义上都是优先的，也即实体总是优先于非实体。然而，城邦不是实体，而人是实体，所以看起来“城邦本性上优先于个体”似乎违背了亚里士多德的哲学原则。

一　亚里士多德哲学中的“优先性”概念

亚里士多德在《范畴篇》中区分了五种类型的优先性：

在四种意义上，一个东西能够被称为“先于”另一个东西。在最初的和最正当的意义上，这个词是与时间有关的：在这个意义上，它是用来表示一物比另一物更古旧或更古老，因为“更古旧”和“更古老”意涵着更长的时间。其次，一物被称为“先于”另一物，当它们的存在的次序不能够颠倒过来的时候。在这个意义上，“一”是“先于”“二”的。因为，如果“二”存在，则立刻可以断定“一”必定存在，但如果“一”存在，就不能断定“二”一定存在：所以存在的次序是不能颠倒的。这样大家都同意：当两个东西的次序不能颠倒过来的时候，则那个为另外一个所依赖的东西，就被称为“先于”那另一个。第三，“先于”一词被用来谈及任何次序，如像在科学和雄辩术那里。因为，在用证明的科学里面，在次序上是有先有后的；在几何学里面，原理是先于命题的；在阅读和写字中，字母是先于音节的。同样地，在演说中，导言在次序上是先于叙述的。这个词除这几种意义之外，还有第四种意义。凡是更好的和更可尊敬的都被称为有自然的优先权。在平常的说话里面，人们称那些他们所敬爱的人为在他们心中占优先位置。这个意义也许是最牵强附会的。这些就是“先于”一词的各种不同的意义。但除上面

> 所提的那些意义之外，好像还有另外一种。因为，在那些彼此互相蕴涵的东西中间，那个在某种方式上可以合理地被认为是原因的，就被称为“先于”它的效果。显然，这样的例子是有的。一个人存在着这个事实，蕴涵着“他存在着”这个命题的正确性，并且这种蕴涵的关系是交互的；因为，如果一个人存在，那么，我用来断定他是存在的那个命题也就是正确的，反过来说，如果我们用来断定他存在的那个命题是正确的，那么他就是存在的。但是，那个正确的命题绝不能是这个人的存在的原因，而这个人存在这个事实，看来才是这个命题之所以为正确的原因，因为命题的正确或错误取决于这个人存在或不存在这一事实。由此可见，“先于”一词，可用于五种意义上。①

我们现在分别来审查亚里士多德所说的这五种类型的优先性，再来分辨哪种意义的优先性适合于《政治学》中的主张。第一，时间上的优先性，也即一个实体比另一个实体更古旧，这是严格意义上的优先性。我们通常认为一个事物优先于另一个事物时，也经常指时间上的优先性。但是，显然城邦不是时间上优先于个体，因为个体必定先于城邦而存在。第二，存在的含义方面的优先性。例如，“一”先于“二”，如果“二”存在，那么“一”就存在，但反之则不然。显然，城邦也不是在这种意义上优先于个体，因为城邦可以没有个体而存在，个体也可以没有城邦而存在。如果城邦存在，那么有某个个体存在，但不是任一特殊个体存在（比如亚里士多德）。第三，顺序上的优先性。例如，字母先于音节，演说的开头先于结论。显然，城邦也不是在这种意义上优先于个体，因为这种意义的优先性只用于语言和语词。第四种优先性是由于自然的优先性，它是最不严格、最陌生并且最不

① ［古希腊］亚里士多德：《范畴篇 解释篇》，方书春译，商务印书馆 1986 年版，14a26-b23，第 45—46 页。

哲学的，也即最不形式、最不科学或最不逻辑的优先性。亚里士多德将这种类型的优先性称作自然的优先性，也即城邦自然地优先于个人，所以这种意义的优先性最适用于亚里士多德的这个主张，也即城邦与个体之间的关系，城邦比个体更自给自足，所以也更好。第五种优先性是指一个事物先于另一个事物如果前者导致后者存在或导致后者成为某事物。例如，一个人先于有关他的一个真陈述并且这个陈述的原因为真。第五种意义的优先性不适用于亚里士多德的主张，因为如果城邦在这种意义上是优先的，那么城邦就是个体存在的原因。显然，城邦不是个体存在的原因。经此分析，多诺古—阿姆斯特朗认为，亚里士多德在《范畴篇》中谈论的第四种意义的优先性最适合于解释他的政治自然主义的第三个主张，另外四种意义的优先性与城邦和个体之间的关系无关。①

但是，除了在《范畴篇》中讨论这五种意义的优先性之外，亚里士多德还在《形而上学》中区分了四种类型的优先性：

> “先于”与“后于”应用于（一）（甲）事物之较近于某些起点，（假定每一级事物各有其起点，即准始），这起点或出于自然，以绝对事物为准，或以某事物或某地点或某人为准；如说某物在空间位置上先于某物，即较近于某处，这某处或为自然体系所确定（如说在中间或在最末位置），或是以某一偶然事物为准；说某事物为“后于”，即较远于那个为准的某事物。（乙）其它事物在时间上说“先于”；有些是因为较远于现在，即过去事件，特罗亚战争“先于”波斯战争，因为那是去今较远；有些则因为较近于现在，将即将来事件，例如说尼米亚赛会“先于”比色亚赛会，我们将现在作为一个起点，凡较近于这起点的就说是“先于”。（丙）

① Elizabeth Siobhan Donoghue-Armstrong, *Teleology, Perfectionism and Communitarianism in Aristotle's Political Naturalism*, PhD Dissertation, ProQuest Information and Learning Company, 2004, p. 141.

其它事物，因较近于原动者，在动变上说“先于”，例如小孩“先于”成人；至于原动者的动变则由自己开始而是绝对的。（丁）其它事物，因为它权能超越，就在权能上说“先于”，亦即是以权能较大的为“先于”；这样凡是“后于”的必需跟从“先于”的意旨；“先于”（先天）令动，“后于”（后天）就动；在这里，意旨就是起点。（戊）其它事物，又有在“序列”上说是“先于”的；这些是依照某些规律，以某一特定事物为准来安排各个事物，例如在合唱中，第二歌者先于第三，在竖琴上邻末弦先于末弦：因为在合唱中，是以第一歌者为领导，而在竖琴上则以中弦为音准。

除了上述的意义称为“先于”外，（二）另一意义是凡“先于”认识的也绝对地作为“先于”；这些定义上“先于”的并不在感觉上也相应是“先于”。在定义上以普遍为“先于”；关于感觉，则以个别为“先于”。又，在定义上，属性“先于”整体，例如“文明的”应“先于”“文明人”，因为定义不能没有各个部分以成其整体；可是“文明性”又必须有一个文明人才能示现。（三）凡“先于”事物，其属性也被称为“先于”，例如直“先于”平；因为直是线的属性，平是面的属性，（线应先于面，所以直也应先于平）。有些事物被称为“先于”与“后于”就是这样。

又，（四）事物有由于本性与本体而作先后之别，物有可不依它物而自存在的，而它物则必需依之而后能存在，——这个区别，柏拉图曾讲过。我们若考虑到“实是”的各个命意，那么，第一，主题应是“先于”，亦即本体应是“先于”；第二，有些事物可因潜在而成为先于；有些则因其完全实现而成为“先于”；例如以潜能论，则未完成之线“先于”全线，部分“先于”完全，物质“先于”其综合实体；但以其完全实现论，则这些是“后于”；因为只在整体解散后，那些组成部分才能独立存在。所以有时一切事物就因为适应于这第四义而被称为“先于”与“后于”。有些事物，在创

> 生上说，可以不依它事物而存在，其全体不赖部分（来构造），有些事物，在解消上说亦然，其部分不待全体（的解散）。其它情况亦复相似。①

我们再来分析以上亚里士多德在《形而上学》中谈论的几种优先性，并审查哪一种意义最适合于他在《政治学》中的主张。第一是时间上的优先性，也即绝对地或相对地接近于起点，或者远离现在（即过去），或者更接近现在（即在将来的事件中）。例如，更接近于第一推动者的事物有优先性，更强力的实体是优先的，排列上的优先性（如合唱队中的第二个成员先于第三个成员）。显然，这种意义的优先性不适用于城邦与个体的关系，因为城邦不是在个体之前存在，城邦也不是更接近于主要的推动者，城邦也不比个体更强大，城邦也不是在某个排列当中先于个体。第二是知识上的优先性，它与定义有关，例如共相先于殊相。显然，这种意义的优先性也不适用于城邦与个体的关系。第三是属性上的优先性，例如，“线”的属性先于“面”的属性，因为“线”先于“面”。“面”不能没有“线”而存在，但“线”可以没有“面”而存在。然而，城邦和个体都不是属性，所以这种意义的优先性也不适用于城邦与个体的关系。第四是实体或自然的优先性，也即某事物在这种意义上先于另一个事物如果前者可以没有后者存在，而不是相反。例如，整体在产生方面可以没有部分而存在，而不是相反；部分在毁灭方面可以没有整体而存在，而不是相反。我们也可以说，部分在潜在性上优先于整体，但是整体在现实性上优先于部分。自给自足是现实性，不是潜在性，所以城邦本性上优先于个体，因为它更自给自足且更现实化。整体存在时，部分只是潜在的存在。推而广之，城邦中的人只是潜在的存在，当人在城邦中达到完善时他就现实化了，变成现实的

① ［古希腊］亚里士多德：《形而上学》，张竹明译，商务印书馆 1995 年版，1018b8-1019a14，第 98—100 页。

存在。所以，自然的优先性也即现实性的优先性。第四种意义的优先性也就最适用于城邦与个体的关系。

二 “同音异义”与“功能”概念

在阐明“优先性”的意义之后，多诺古—阿姆斯特朗认为亚里士多德的论证中还涉及另外两个重要概念：同音异义与功能的概念。[①]“就本性来说，全体必然先于部分；以身体为例，如全身毁伤，则手足也就不成其为手足，脱离了身体的手足同石制的手足无异，这些手足无从发挥其手足的实用，只在含糊的名义上大家仍旧称之为手足而已。”[②] 亚里士多德将城邦与个体的关系当作全体与部分的关系并以身体和手足的关系来说明，这样做的基础和根据是什么？毕竟，城邦与身体不是相同类型的整体，个体与手足也不是相同类型的部分。我们显然不能从字面上来理解这种类比，这种比较可能涉及字面背后的意义。实际上，亚里士多德在《形而上学》中就认为“部分”是同音异义的，也就是说，“部分”这个概念虽然在不同的用法中音形相同，但意义不同，例如它有时指称潜在性，有时指称现实性。指称潜在性的部分是不能脱离整体而存在的部分，例如动物的部分，“因为将动物各个部分分离，各个部分便不能独立自存；分离后所有各部分只是物质”[③]。指称现实性的部分是可以脱离整体而存在的部分，以及本身也是整体的部分。因此，在亚里士多德的论证中，“手足”是指称潜在性的部分，而“个体”则是指称现实性的部分。

---

① Elizabeth Siobhan Donoghue-Armstrong, *Teleology, Perfectionism and Communitarianism in Aristotle's Political Naturalism*, PhD Dissertation, ProQuest Information and Learning Company, 2004, pp. 144-149.

② ［古希腊］亚里士多德：《政治学》，吴寿彭译，商务印书馆 1965 年版，1253a 20-23. 第 9 页。

③ ［古希腊］亚里士多德：《形而上学》，张竹明译，商务印书馆 1995 年版，1040b7-8，第 156 页。

> “全体”同样有不同的类型。“‘全’（全体）的命意（一）是说这个作为一个天然的整体，不缺少应有的任何部分，（二）这个包容了成为一个整体所必需包容的事物；这所包容的各事物可以本各是一而合成为整一，亦可并非各一而合成整一。（甲）以类为‘全’，同类诸物原是各成一物的，但总持起来，以全类作一整体说也是真确的，例如人、马、神等本各是一生物，因此用一个普遍名词为之作成统称。但（乙）以各个不同的部分组成为一全体，延续而有外限，其部分只是潜存而未实现的事物（已实现的事物作为部分而包涵于全体之中也是可以的）。关于这些事物，其天生为‘全’的较人造的‘全’为高，这是我们在上面释‘一’时已说过了，‘全体性’实际上就是‘统一性’之别格。”①

因此，根据不同的统一度，最统一的整体是拥有潜在性的部分的整体，最不统一的整体是拥有现实性的部分的整体，也即现实性的部分可以独立于整体而存在。因此，“手足”与“身体”这种“部分”与“整体”关系，不同于“个体”与“城邦”这种“部分”与“整体”关系。换言之，亚里士多德在他的论证中是同音形但不同意义地使用了这些概念来进行类比。手足确实依赖于身体，不能脱离身体而存在；但个体不依赖于城邦，脱离了城邦的个体仍然继续存在。

当然，个体与城邦之间仍然存在某种关系。个体离开城邦就不能实现他的功能，也即表达德性的理性活动，但是他并没有丧失实现这种功能的能力。也就是说，脱离城邦的个体只是没有机会来实施他的功能，并不是不能够实施他的功能，此外，脱离城邦的个体也不是自给自足的。这些都表明脱离于城邦的个体只是名称上的人（音形相同但意义不同）。这一点也预示类比手足和

① ［古希腊］亚里士多德：《形而上学》，张竹明译，商务印书馆 1995 年版，1023b27-36，第 112—113 页。

身体的不同，因为脱离身体的手足确实丧失了实施其功能的能力，更没有实施其功能的机会。按照亚里士多德的观点，当一个事物能够实施其功能时，它才真正的是它自身，它才真正地完全是它所是，而不是名称上的。如果事物不能实施其功能，它就不是它自身。因此，脱离于城邦的人并非不是人，而只是名义上的人，因为离开城邦就不能实施他的功能。人作为政治动物，必须依赖城邦来实施他的功能。个体之于城邦并非简单得如同机器上的螺丝钉，而是非常重要的部分，并且是现实性的实体部分。城邦在自给自足的意义上优先于个体。

三 亚里士多德与共同体主义

亚里士多德对城邦优先性的强调促使一些学者认为亚里士多德的政治主张助长了极权主义的思想。在当代学者中，加纳森·巴内斯（Jonathan Barnes）非常认同波普的看法，认为亚里士多德是典型的极权主义者。

巴内斯指控亚里士多德为极权主义者的第一个理由是亚里士多德忽视了自由，因为他没有限制自然统治。然而，亚里士多德实际上提到过自由人的生活胜过主人的生活，而且他还认为轮流统治和被统治的制度比较好。“在一个同样的人们所组成的社会中，根据平等和一致的原则，实行轮番为治的制度，确实合乎正义而值得称颂。”[①] 自由的公民轮流交换统治显然是有限制的，而且自由是统治的前提条件，因为统治的能力就暗示自由，并且有能力统治和被统治的人都是自由的。

巴内斯指控亚里士多德为极权主义者的另一个理由是基于亚里士多德的论述：“在必不可缺的诸职司中，第一种负责商市管理。这需要有一职官（‘市场监理’）随时检查商务契约，维持市场秩序。为了互相供应各人生活所需，卖买成为一切城邦都不

① ［古希腊］亚里士多德：《政治学》，吴寿彭译，商务印书馆 1965 年版，1325b7-9，第 356 页。

可缺少的事业；人类要达到经济自给自足的境地，这是最便捷的方式，而自给自足正是人们所由集合而共同组成一个政治体系的主要目的。”① 在巴内斯看来，亚里士多德过分地强调城邦必须管理市场，这样才能达到自给自足。但是，巴内斯没有看到亚里士多德也断言城邦应该监管契约并维持好市场秩序，避免冲突。巴内斯还批评亚里士多德提倡城邦中应该设置大量的职司位置。然而，大量的公职存在并不意味着极权主义。同时，亚里士多德禁止粗俗的言谈以及审查戏剧等都是为了保护孩子。“立法家的首要责任应当在全邦杜绝一切秽亵的语言。人如果轻率地口出任何性质的恶言，他就离开恶行不远了。对于儿童，应该特别谨慎，不使听到更不使口出任何恶言”②；“不端正的语言既须禁止，显然，我们也应该杜绝秽亵的图画展览和秽亵的戏剧表演”③。虽然大量职司看起来容易导致极权主义，但这是亚里士多德那个时代的社会情形，因为亚里士多德时代的希腊人没有区分国家与政府，如同政府的其他社会共同体都有大量的职司。在古希腊语中，“政治”一词也有着与当代语境不同的意义，“政治”对于希腊人来说要比对于现代人的意义更加广泛，这是我们在评价亚里士多德政治哲学时必须要考虑到的因素。

巴内斯的第三个理由是：按照亚里士多德的观点，个体属于国家，成为“政治动物”就是成为“公民”；公民依赖于国家，所以人也依赖于国家，成为“人”就是成为国家的人。④ 但是，亚里士多德关于“人类本性上是政治动物”的主张没有暗示人本性上是公民，政治动物只是“有某个共同对象”。人、蜜蜂和蚂蚁等都是政治动物，但只有人可以成为公民，所以政治动

① ［古希腊］亚里士多德：《政治学》，吴寿彭译，商务印书馆 1965 年版，1321b 11-16，第 335 页。

② 同上书，1336b2-6，第 409 页。

③ 同上书，1336b13-14，第 410 页。

④ 转引自 Elizabeth Siobhan Donoghue-Armstrong, *Teleology*, *Perfectionism and Communitarianism in Aristotle's Political Naturalism*, PhD Dissertation, ProQuest Information and Learning Company, 2004, p. 151。

物不能等同于公民。所有人都是政治动物，但并非所有人都是公民。“实际上，我们不能把维持城邦生存的所有人们，全都列入公民名籍。”①

按照多诺古—阿姆斯特朗的观点，亚里士多德不是极权主义者，而是共同体主义者，也即他的观点代表一种共同体主义。②共同体主义是指这样一种观点：共同体先于个体，我们应该通过共同体来讨论个体。在共同体主义者看来，共同体应当在塑造其公民的道德生活中发挥更强的作用。个体是由它们所属的共同体创造的，也即每个人都被他们生活于其中的社会所塑造，没有人能够免于他所属的共同体的影响，个人依赖他的共同体来获得道德、自我同一性以及自我价值。

亚里士多德在《政治学》中表达了许多共同体主义的观点，他认为个人不能在城邦之外实现他的潜能，个体需要生活在城邦当中才能繁衍下去。在《动物志》中，亚里士多德将“政治动物”定义为“拥有某个共同对象作为功能的动物”。“城邦在本性上优先于个体”同样意味着共同体是至高无上的（当然，这并非意味着个体不重要）。可见，亚里士多德政治自然主义的第三个主张“城邦在本性上优先于个体”确实支持一种共同体主义的观点。不管我们如何理解“优先性”这个概念，城邦的优先性至少排除了个体主义的观点。此外，亚里士多德政治自然主义的第二个主张“人类本性上是政治动物”也支持了共同体主义，因为政治动物总是朝向某个共同目标，人只有在与他人的共同体中才能获得最好的生活，而城邦在塑造其居民的性格过程中也发挥很强的作用。“优良的立法家们对于任何城邦或种族或社会所当为之

---

① ［古希腊］亚里士多德：《政治学》，吴寿彭译，商务印书馆 1965 年版，1278a2-3，第 129 页。

② Elizabeth Siobhan Donoghue-Armstrong, *Teleology, Perfectionism and Communitarianism in Aristotle's Political Naturalism*, PhD Dissertation, ProQuest Information and Learning Company, 2004, p. 152.

操心的真正目的必须是大家共同的优良生活以及由此而获致的幸福。”① 此外，亚里士多德还主张善优先于权利，个体应该积极地参与政府。

最好城邦或最好政体都涉及人是什么样的存在物。由于人本性上是政治动物，所以城邦优先于个体。个人不是自给自足的，并且为了共同目标而生活在一起，这就需要依赖于城邦。因此，理想的城邦就应该为其居民提供过繁荣生活所需的一切东西。为达到自给自足，城邦内的公民必须合作朝向这个共同目标，这种合作就反映了一种共同体主义的理想。这在某种意义上也意味着城邦是为了它的个体而存在的，它派生的内在目的就是为了它的居民的繁荣和幸福。这也说明了亚里士多德不是极权主义者。

根据共同体主义者麦金泰尔的观点，当代道德危机的解决办法是采取一种亚里士多德式的道德框架。因为，只有在优良的生活中才能产生道德，无条件的生活只是纯粹的生存，不是优良的生活（或繁荣的生活）。个人只有在与他人一起的共同体当中才能训练道德，才能过繁荣的生活。因此，麦金泰尔认为对道德的研究必须采取一种共同体主义进路。但是，在拉普（C. Rapp）看来，麦金泰尔忽视了亚里士多德关于“生活”与“优良生活”的区分。在他看来，人在第一层次的“生活”中就有合作，这时纯粹是为了相互的利益，不过人在这个层次也必须遵守道德规则以满足基本需求。第二层次的“优良生活”对于道德的训练是不必要的。人在生存这个层次仅仅为了生活而合作，这是为了生存必须要做的，道德的训练也产生于互利。因此，人与人之间只要能够相互交换物品，那么人们所在的这个城邦就可以成为亚里士多德式的城邦，并且也可以允许正义和道德的训练，因为正义和道德在确保公平和诚实的贸易过程中是必要的。②

① ［古希腊］亚里士多德：《政治学》，吴寿彭译，商务印书馆 1965 年版，1325a7－9，第 353—354 页。

② C. Rapp, “Was Aristotle a Communitarian?”, *Graduate Faculty Philosophy Journal*, Vol. 17, 1994, pp. 1－2, 333－349.

多诺古—阿姆斯特朗认为拉普的批评有这样几个方面的问题。[①] 首先，拉普忽视了“政治动物”的定义，而且忽视了亚里士多德的“城邦本性上优先于个体”的主张。其次，拉普也没有注意到亚里士多德对优良生活的至高推崇以及对城邦的论述：

> 相似地，城邦的目的也不仅为寻取互助以防御一切侵害，也不仅为便利物品交换以促进经济的往来。假如城邦的目的仅仅是这些，那么替里尼人和迦太基人就可并为一邦，其它缔结商务条约的各邦也可作相应的合并。这是确实的，这些邦国订有输入输出的合同，并缔结商务条约，规定（在商业上）互不损害两国人民的利益，保证各自正当的行为：这些邦国之间还有成文的军事互助同盟条约。但，另一方面，两邦并没有共同设立的商务官员，总理两邦的贸易；反之，两邦仍旧各设自己的职司，管理本邦的业务。[②]

按照拉普的观点，城邦仅仅是人们为了相互交换和彼此保护而联合起来形成的。[③] 显然，拉普对城邦的认识不足，因为这些因素只是城邦产生的必要条件，而不是充分条件。亚里士多德说过：

> 两方的条约只限于防止并处分自己的人员（在进行贸易时）发生有害于对方人员的行为，两方对于对方人员的道德品质都不用操心，条约中也无须保证所有参加贸易业务的人们全都不发生有违正义（非法）或其他恶劣行为。可是，凡订有良法而有志于实行善政的城邦就得操心全邦人民生活中

① Elizabeth Siobhan Donoghue-Armstrong, *Teleology, Perfectionism and Communitarianism in Aristotle's Political Naturalism*, PhD Dissertation, ProQuest Information and Learning Company, 2004, pp. 160-161.

② ［古希腊］亚里士多德：《政治学》，吴寿彭译，商务印书馆 1965 年版，1280a34-b1，第 140—141 页。

③ C. Rapp, "Was Aristotle a Communitarian?", *Graduate Faculty Philosophy Journal*, Vol. 17, 1994, pp. 1-2, 339.

> 的一切善德和恶行。所以，要不是徒有虚名，而真正无愧为一“城邦”者，必须以促进善德为目的。不然的话，一个政治团体就无异于一个军事同盟，其间惟一的差别就只在空间上，一个“城邦”内的居民住在同一空间，而另一个“同盟”内的人民则住在互相隔离的两个地区。又，如果不是这样，法律也无异于一些临时的合同——或引用智者（诡辩派）吕哥弗隆的话语，法律只是“人们互不侵害对方权利的（临时）保证”而已——，而法律的实际意义却应该是促成全邦人民都能进于正义和善德的（永久）制度。[①]

根据亚里士多德的观点，城邦更应该关心它的公民的德性。亚里士多德警告说，如果城邦不培育德性，那么它将变成一个纯粹的同盟，同盟仅是起着消极的弱纽带的作用，纯粹源于自利和相互的利益，可见德性才是城邦的本质。在同盟中，因为法律的强迫，公民才公正地行为而变得有德性，这是消极的方式而不是积极的方式。因此，这种同盟就类似于霍布斯所言的城市，公民只是出于恐惧并为了相互保护以及出于贪婪并为了商业交换才结合在一起。居住在同盟中的公民不会像居住在城邦中一样好。

亚里士多德随后解释仅仅彼此邻近地生活、相互通婚以及共同交换和结盟还不构成一个城邦。

> 所以，很明显，一个城邦不只是在同一地区的居留团体，也不只是便利交换并防止互相损害的群众（经济和军事）团体。这些确实是城邦所由存在的必要条件；然而所有这些条件还不足以构成一个城邦。城邦是若干生活良好的家庭或部族为了追求自足而且至善的生活，才行结合而构成的。可是，要不是人民共居一处并相互通婚，这样完善的结合就不可能

① ［古希腊］亚里士多德：《政治学》，吴寿彭译，商务印书馆1965年版，1280b1－13，第141—142页。

> 达到。所以各城邦中共同的“社会生活”——婚姻关系、氏族祠坛、宗教仪式、社会文化活动等——是常常可以见到的现象。①

因此，位置、联盟以及交换对于城邦是必要的，但不是充分的。家庭和家族必定有一个共同体作为目的才能获得优良生活，也即一种完整且自给自足的生活。换言之，城邦中的公民有共同的善，所有人都一起追求这种善，也即繁荣的生活。

> 依绝对公正的原则来评断，凡照顾到公共利益的各种政体就都是正当或正宗的政体；而那些只照顾统治者们的利益的政体就都是错误的政体或正宗政体的变态（偏离）。这类变态政体都是专制的（他们以主人管理其奴仆那种方式施行统治），而城邦却正是自由人所组成的团体。②

亚里士多德的这个论述由于对公共利益而不是相互利益的强调，因而表达了一种共同体主义思想。人类有某种共同目标，为此他们一起工作。“我们不应假想任何公民可私有其本身，我们毋宁认为任何公民都应为城邦所公有。每一公民各成为城邦的一个部分；因此，任何对于个别部分的照顾必须符合于全体所受的照顾。”③

---

① ［古希腊］亚里士多德：《政治学》，吴寿彭译，商务印书馆1965年版，1280b30-37，第143页。

② 同上书，1279a20-23，第135页。

③ 同上书，1337a27-29，第413页。

第五章　亚里士多德政体理论

“政体”也是亚里士多德政治哲学中的重要概念，我们在前面提到过，亚里士多德实际上把“政体”视作城邦的“形式”。[①]我们可以看到，亚里士多德的《政治学》几乎全部用来研究政体这个核心主题。亚里士多德认为，政治学既研究理想政体，也兼及现实问题。从表面来看，除了《政治学》第一卷被视作导论性质的内容外，其余各卷差不多都在讨论政体。例如，第二卷讨论理想城邦和优良城邦，特别是对前人提出的各种理想政体的批评；第三卷讨论政体的一般理论，包括公民的身份和素质、政体的形态和分类、不同政体中的公民资格和政治权利分配、各类政体的品种等；第四卷讨论现实政体的类别，例如平民政体、寡头政体和共和政体的种类；第五卷研究政体的变革与更替（也即政变和革命），包括政体变革的原因、救治方法等；第六卷探讨如何建立较为稳定的平民和寡头政体，这是对这两类政体的深入研究；第七卷和第八卷则研究理想中的最好政体以及公民教育的重要性。从实质上看，《政治学》关于政体的讨论可以分为两类：理想政体和现实政体。这样一来，《政治学》第一卷既是亚里士多德政体理论的导论部分，也可视作他的政体理论的结论。但是，无论如何，我们必须注意到亚里士多德在第一卷中提出的政治自然主义仍然统摄着他的整个政体理论，尤其是政治自然主义对城

---

① 亚里士多德的政体理论实际上就是他的宪法理论，我们此前强调过对两者不做区分。

邦的本性、人的本性以及城邦与个人关系的研究始终是他讨论政体理论的基础。

在亚里士多德的《政治学》之前，已经有许多政治思想家写过关于最好政体（或最好宪法）的著作，例如柏拉图的《理想国》和《法律篇》中的理想政体，色诺芬（Xenophon）的 *Lacadaemonians* 宪法。这些著作描述了理想城邦的生活方式，以及与这些生活方式紧密相关的法律、制度和习俗，包括理想城邦的地理环境、人口培育、青年的身体和道德教育等。亚里士多德遵循前人的论述，把政体视作城邦的生活方式。“又，跟城邦（公民团体中每一公民的）生活方式相同的善恶标准也适用于政体；政体原来就是公民（团体和个人）生活的规范。”① 不过，关于政体，亚里士多德此前还有不同的表述，它涉及城邦政治权力的分配以及统治权的组织形式。“政体可以说是一个城邦的职能组织，由以确定最高统治机构和政权的安排，也由以订立城邦及其全体各分子所企求的目的。”② 总之，政体涉及城邦国家的方方面面。

关于（理想）政体这个问题，亚里士多德有他自己的谈论方式。实际上，亚里士多德在《政治学》中讨论问题的方式与他在其他哲学著作中讨论问题的方式是一样的。我们先看他在《尼各马可伦理学》和《形而上学》中是如何讨论给定问题的。在《尼各马可伦理学》中，他说道：

> 讨论这个问题的恰当方式，和讨论其他问题时的一样，也是先摆出现象，然后考察其中的困难，最后，如果可能，就肯定所有关于这些感情的意见，如不可能，就肯定其中比较重要或最重要的意见。因为，如果困难可以解决，且流行的意见还有一些站得住脚，真实的意见就可以充分地

① ［古希腊］亚里士多德：《政治学》，吴寿彭译，商务印书馆 1965 年版，1295a39-b1，第 208 页。

② 同上书，1289a15-17，第 181 页。

确立。[1]

同样，在《形而上学》中，亚里士多德也更详细地谈到研究问题的方法：

> 我们于所习学术应列举所拟最先讨论的主题。这些包括各家哲学诸原理以及前人所未省察到的任何观点。凡愿解惑的人宜先好好地怀疑；由怀疑而发为思考，这引向问题的解答。人们若不见有“结”，也无从进而解脱那“结”。但思想的困难正是问题的症结所在；我们在思想上感到不通，就象被锁链缚住了；捆结着的思想，也象缚住了的人，难再前进。所以我们应将疑难预为估量；因为欲作研究而不先提出疑难，正象要想旅行而不知向何处去的人一样。若不先作说明，各人也无从揣测自己能否在一定时间内找得所寻求的解答；问题的究竟虽则对先已研究过的人是清楚的，对于起疑的人则并不清楚。又，对于一个事例，已得闻两方面论辩的人当然就较善于辨别其是非。[2]

亚里士多德讨论问题的方式可以总结为：根据给定的主题或问题，先研究其他人的观点，然后使用这些观点来提出问题，特别是与所讨论的主题相冲突的观点，最后提出他自己解决这些问题的方法和能力，以表明自己的进步之处。我们现在依据亚里士多德研究问题的方式来解释他的（理想）政体理论。按照这种方式，亚里士多德首先在《政治学》第二卷中批评前人提出的或此前实际存在过的各种最好政体，然后在《政治学》第三卷中描述政体的一般理论，并在第四卷至第六卷中讨论现实政体问题，最

---

① ［古希腊］亚里士多德：《尼各马可伦理学》，廖申白译注，商务印书馆 2011 年版，1145a35-b5，第 210—211 页。

② ［古希腊］亚里士多德：《形而上学》，张竹明译，商务印书馆 1995 年版，995a25-b4，第 37 页。

后在《政治学》第七卷和第八卷中详细地描述了他的理想中的最好政体，提出公民的德性存在于统治和被统治当中，这种德性在最好政体中与人类的德性相符。

第一节　对已存各理想政体的批评

在《政治学》第二卷的开头，亚里士多德说道：

> 这里，我们打算阐明，政治团体在具备了相当的物质条件以后，什么形式才是最好而又可能实现人们所设想的优良生活的体制。因此我们必须考察其它各家的政体的（理想）形式（不以我们的理想为限）；我们应该全面研究大家所公认为治理良好的各城邦中业已实施有效的各种体制，以及那些声誉素著的思想家们的任何理想型式。我们这种研究希望使（实际的和理想的）各种政体的合乎道义而有益的各方面能够明示世人；也愿意世人知道我们的素志，不在于显露才华，自炫智慧，这里只是由于我们对列国的史迹和现况以及各家的高论既洞见其中的纰缪，不能不为之辨明而已。[①]

亚里士多德《政治学》第二卷（共12章）基本上就是用来评析已出现过的各种政体。具体说来，第1—5章批评柏拉图《理想国》中描述的最好政体，第6章批评柏拉图《法律篇》中描述的次好政体，第7章评析法勒亚的财产均等主义最好政体，第8章评论希朴达摩的“三分”政体，第9章描述斯巴达实际政体，并在第10章和第11章分别讨论类似斯巴达的克里特式政体和迦

---

① ［古希腊］亚里士多德：《政治学》，吴寿彭译，商务印书馆1965年版，1260b27-36，第43页。

太基政体。亚里士多德认为，这些政体所追求的德性与为达到德性所采取的制度工具之间不相匹配。

一　对柏拉图政体的批评

按照《理想国》的设想，家庭和私有财产都被废除，目的在于祛私尚公，追求城邦的划一，也即是说，柏拉图的《理想国》中的最好城邦追求公民的最大统一体。然而，在亚里士多德看来，城邦中的不同个人各自会做出不同的贡献，进而达到自足，过分划一的城邦却不能达到自给自足，而自给自足是城邦的基本条件。更为严重的是，城邦的护卫者拥有所有共同财产这种制度破坏了最好城邦的初衷目标，因为财产公有导致个人对公有财产缺少关心的责任感，并且使每位居民丧失了培育他们慷慨对待同胞的机会。

> 这种倡议不仅不能导致众人的洽和，实际上还会引起损害。凡是属于最多数人的公共事物常常是最少受人照顾的事物，人们关怀着自己的所有，而忽视公共的事物；对于公共的一切，他至多只留心到其中对他个人多少有些相关的事物。人们要是认为某一事物已有别人在执管，他就不再去注意了，在他自己想来，这不是他对那一事物特别疏忽；在家庭中，情况正是这样，成群的婢仆往往不如少数侍从为得力。（依柏拉图所述苏格拉底的制度），每个公民将有一千个儿子：可是这些儿子不是各别公民的儿子，每个公民应该是任何儿子的父亲，每个儿子也应该是所有各个父亲的儿子，结果是任何父亲都不管任何儿子。① ……“由上所述，已可见到‘产业私有而财物公用’是比较妥善的财产制度，立法创制者的主

① ［古希腊］亚里士多德：《政治学》，吴寿彭译，商务印书馆1965年版，1261b 32-40，第48—49页。

要功能就应该力图使人民性情适应于这样的慷慨观念。”①

因此，即使废除了私产制度，人类的私心仍然残存。人们对公共财产会发生更多纠纷和冲突，共妻共子使真正夫妻和父子间丧失真正亲爱，更进一步违背人类渴望获得形性相肖的后嗣的自然本性。共产导致的更严重恶果是人类的恶性不能消除，人与人之间会继续因财物而起恶行，博施善心却无法培养。柏拉图的《法律篇》虽然以论述法律为主，而不是以论述政体为主，但柏拉图原本设想一种较切实且易为现存城邦所接受的政体，仍然与他在《理想国》中拟定的政体相差无几。《法律篇》中的政体唯一不同之处就在于柏拉图不再提倡妻子和财产归公（也即公妇和公产），但是他提倡均产。亚里士多德认为均产条例忽略各家庭财产的定额和人口增殖的限制。“还有一个疑难是他既规定了全城邦区划地产为总数有定量的若干丘亩，进行平均的分配，对于公民的总数却未作相应的限额。对于婴儿的出生数也未作节制的规定。”② 此外，《法律篇》中所提倡的共和体制暗含寡头政治倾向，并不是好的政制。“他所拟的整个政体既不是民主（平民）政体也不是寡头政体，而趋向于那种称谓共和政体的中间型式，这种政体中的公民以具有重装备的甲兵为限。这种政体倘使作为大多数城邦可以采行的制度而言，那是没有谬误的，但他把它作为仅次于他所初拟的理想城邦，这就不相宜了。”③

二　对法勒亚和斯巴达式政体的批评

法勒亚政体致力于公民的经济平等，但是如果最初的财产平等分配与人口政策不匹配，那么将会有公民陷入贫困。

---

① ［古希腊］亚里士多德：《政治学》，吴寿彭译，商务印书馆 1965 年版，1263a 38-40，第 55 页。

② 同上书，1265a37-39，第 64 页。

③ 同上书，1265b26-31，第 66 页。

立法家在订立财产限额的同时还得规定各家子女的人数，这一点他们却时常遗忘，而实际上乃是不应该疏忽的。倘使子女生育过多，家产不足以赡养，根据均产原则而制作的法律就不得不被毁弃。原来是小康的家庭，现在已沦落到无法自给的境遇；处身于这种不幸的人们，作奸犯科还是小事，这里已很难说他们不致于从事叛乱（革命）了。①

法勒亚政制的核心同样是平均地产。在亚里士多德看来，法勒亚政制通过限制人口增殖，给每户家庭适当的资产配额并以法制维持财产定额，这是过度重视物质因素来使人去恶向善。这种做法似乎本末倒置，人的道德水准应通过教育来提高。“人类的欲望比他的财产更须使它平均；这就必须用法律来订立有效的教育，人欲没有止境，除了教育，别无节制的方法。可是，法勒亚在这方面，恰正可以站起来说，这正是我的意思；他本来认为各城邦中财产和教育两者应该均等。但我们还要询问他所说的教育究属怎样的性质。”② 希朴达摩的政制将人分三级，土地分三部，律例分三科，此外还订立奖励创制等新律。

没有从政的实际经验而创制出最优良的城邦制度当以米利都人、欧吕丰的儿子希朴达摩为第一人。……他所设计构造的城邦以一万公尺为度，分为三个部分（阶级）：——第一部分为工匠，第二部分为农民，第三部分为武装而卫国的战士。全邦土地也分作三个部分：——一部分划归祠庙，另一部分由城邦公有，第三部分则为私人产业。……法律也只有

① ［古希腊］亚里士多德：《政治学》，吴寿彭译，商务印书馆 1965 年版，1266b9-14，第 70 页。

② 同上书，1266b29-33，第 71 页。

三类，各别适用于三类刑事诉讼——殴辱、伤害、杀人。①

在亚里士多德看来，这种三分法应受批评，司法改良的措施也存在纰漏，奖励创制会导致变革，过时失效的律例可以废弃，但礼法却不应随意更换。

在现存较好的政制中，斯巴达政体主张统治阶级须有闲暇，奴隶从事耕作来保障统治阶级参加公务和征战，所以奴隶制度是必需的。但是，亚里士多德认为，斯巴达的妇女过于奢纵，且财富集中于少数人，一些制度安排（如会餐等）都有不合理之处，另外斯巴达的尚武精神使财政陷入困乏，带来不良后果。斯巴达的政体致力于军事德性，但是它的遗产法存在很大问题，因为没有足够的人满足它的财产资格条件以形成强大的防卫力量。此外，它鼓励生育的政策也导致更严重的贫困。

在这方面斯巴达的法制是有缺点的。立法者规定每一公民所有的土地都不得作任何卖买，这当然不错；但他同时又许可各人凭自己意愿将财产给予或遗传于任何个人——这在长期以后就形成全邦的财产不均，恰好和自由兼并的结果相同。② ……“历史证明了斯巴达财产制度的失当，这个城邦竟然一度战败，不克重振；其衰废的原因就在缺少男子。传说斯巴达往古的列王常常以公民名籍授给外来的人，因此虽然经历长期战争，并不感觉人口的短拙；某一时候的公民数据说确实不少于一万人。这一记载是否真实，可以不必议论，但这并非良策，如果它要维持这一户口数额，不如设法平衡公民间的财产。可是，斯巴达的立法者，希望族类繁衍，鼓励生育，曾经订有制度，凡已有三子的父亲可免服兵役，要是生有四子，就完全免

① ［古希腊］亚里士多德：《政治学》，吴寿彭译，商务印书馆 1965 年版，1267b23-37，第 75—76 页。

② 同上书，1270a17-20，第 87 页。

> 除城邦的一切负担。鼓励增殖的律令实际上不利于财产的平衡：多子的人家，田地区分得更小，许多公民必然因此日益陷于贫困。"①

克里特城邦的政体类似于斯巴达，但它的会餐制度优于斯巴达，监察制度则比斯巴达要差。在亚里士多德看来，克里特城邦的统治集团中党派过多，常起内讧。迦太基政体也类同于斯巴达政体，但有更多优点。迦太基的政制是贵族政体，但带有平民政体和寡头政体的因素。亚里士多德认为，迦太基政体的缺点在于过分重视财富，官吏贪污受贿成风。

三　各理想政体存在的一些共同问题

柏拉图的理想政体最不适当之处，在于它的目的与有德性公民的制度安排之间的不协调，它没有教育公民来产生德性。亚里士多德还批评这些政体的设计者们错误地诊断社会"疾病"的根源，也即这些社会疾病是源于经济的不平等而不是由于恶。譬如，法勒亚的平等主义政体就是基于这个假定：政治冲突的根源在于资源（财产）的不平等。但在亚里士多德看来，荣誉的不平等也是一个重要原因。

> 还有，人们的争端或城邦的内讧并不能完全归因于财富的失调，名位或荣誉的不平也常常会引起争端。但名利两途的熙攘，各循其不同的途径：民众的吵闹都着意于财货的不平，至于有才能的人所憎恨的却是名位的过分"平等"，他们（一旦受辱或不得其位，就）因荣誉的不平而从事革命活动；这种愤慨的性情恰好表现于诗人的诗句："良莠不分兮贤

① ［古希腊］亚里士多德：《政治学》，吴寿彭译，商务印书馆1965年版，1270a33－b3，第87—88页。

愚同列”。[1]

此外，不仅缺乏生活必需品的人会产生不公正的行为，欲望过度的人也会产生这样的违法行为。亚里士多德还认为，柏拉图关于财产的争议来源于私有财产制度的论断是错误的，财产争议事实上来源于恶。

> 人们听到财产公有以后，深信人人都是个人的至亲好友，并为那无边的情谊而欢呼，大家听到现世种种罪恶，比如违反契约而行使欺诈和伪证的财物诉讼，以及谄媚富豪等都被指斥为导源于私产制度，更加感到高兴。实际上，所有这些罪恶都是导源于人类的罪恶本性。即使实行公产制度也无法为之补救。那些财产尚未区分而且参加共同管理的人们间比执管私产的人们间的纠纷实际上只会更多——但当今绝大多数的人都生活在私产制度中，在公产中生活的人却为数很少（于是我们因少见那一部分的罪恶，就将罪恶完全归于私产制度了）。[2]

亚里士多德还注意到，除了资源（财产）分配是否平等外，公民本身拥有多少财产也很重要，太多的话他们会生活奢侈，太少的话他们会生活贫困，要避免奢侈，就要节制欲望，这就要通过教育来实现。

> 但在实施这种均产制度的地方，每户的定额可能过大或太小，因此人们或流于奢侈，或困于生计。所以，立法家不应该仅仅以树立均产原则为能事，还须订定一个适当的定额。又，人们虽然已被纳入均产体系中，世事仍旧未必从此就尽

---

① ［古希腊］亚里士多德：《政治学》，吴寿彭译，商务印书馆 1965 年版，1266b37-1267a2，第 71 页。

② 同上书，1263b16-26，第 56—57 页。

善尽美。人类的欲望比他的财产更须使它平均；这就必须用法律来订立有效的教育，人欲没有止境，除了教育，别无节制的方法。[①]

第二节　政体的分类、变革与保全

一　政体的一般类型

亚里士多德在上述关于已存各理想政体的讨论中已经涉及政体的分类。我们也可以说，亚里士多德关于政体的分类是建立在他对古希腊诸多城邦政体的经验研究基础上。按照亚里士多德的观点，政治学和立法学的目的就是促进共同善（common good）。并且，亚里士多德将共同善的提升作为区分正宗政体和变态政体的标准。不过，具体来说，亚里士多德划分政体的原则或标准有两个：一是数量标准，依据掌握最高政权的人数多少来分，即掌权人数原则；二是公益标准，即依据统治者的统治目的是否旨在照顾全邦共同利益，即利益倾向原则。[②] 一般学者几乎都认可这两个分类标准。

政体实际上也与城邦宪法紧密联系。亚里士多德在《政治学》第三卷第6章开始研究政体这个主题，并规定了政体研究的内容及其重要性。

政体只有一种类型，还是有好几种？如果有好几种，是否应当明白确定它们的数目而列举其类型，并分述各类型的差别何在？政体（宪法）为城邦一切政治组织的依据，其中尤其着重于政治所由以决定的“最高治权”的组织。城邦不

① ［古希腊］亚里士多德：《政治学》，吴寿彭译，商务印书馆1965年版，1266b24-30，第71页。

② 张桂琳：《西方政治哲学——从古希腊到当代》，中国政法大学出版社1999年版，第31页。

论是哪种类型，它的最高治权一定寄托于“公民团体”，公民团体实际上就是城邦制度。[1]

亚里士多德在随后的第7章中考察了政体的类型及其性质，他很自然地把所有政体划分为正宗政体与变态政体两类。

“政体”（波里德亚）这个名词的意义相同于“公务团体”（波里德俄马），而公务团体就是每一城邦“最高治权的执行者”，最高治权的执行者则可以是一人，也可以是少数人，又可以是多数人。这样，我们就可以说，这一人或少数人或多数人的统治要是旨在照顾全邦共同的利益，则由他或他们所执掌的公务团体就是正宗政体。反之，如果他或他们所执掌的公务团体只照顾自己一人或少数人或平民群众的私利，那就必然是变态政体。[2]

按照亚里士多德的观点，政体依据其所立宗旨可以分为：

（1）正宗政体。是指“凡顾及到全邦人民的共同利益并为全邦人民图谋优良生活的政体”；

（2）变态政体。是指“仅顾及到统治阶级的利益的政体”。

此外，亚里士多德认为若再按政权形态来分，正宗政体又可分为：

①君主制（或王制），其统治者为一人；

②贵族制，其统治者为少数人；

③共和制，其统治者为多数人。

变态政体则相应分为：

①僭主制（或专制）；

②寡头制；

---

① ［古希腊］亚里士多德：《政治学》，吴寿彭译，商务印书馆1965年版，1278b6-11，第132页。

② 同上书，1279a26-30，第136页。

③平民政体。

政体（政府）的以一人为统治者，凡能照顾全邦人民利益的，通常就称为“王制（君主政体）”。凡政体的以少数人，虽不止一人而又不是多数人，为统治者，则称“贵族（贤能）政体”——这种政体加上这样的名称或是由于这些统治者都是“贤良”，或由于这种政体对于城邦及其人民怀抱着“最好的宗旨”。末了一种，以群众为统治者而能照顾到全邦人民公益的，人们称它为“共和政体”——这个名称实际上是一般政体的通称，这里却把一个科属名称用作了品种名称。……相应于上述各类型的变态政体，僭主政体为王制的变态；寡头政体为贵族政体的变态；平民政体为共和政体的变态。僭主政体以一人为治，凡所设施也以他个人的利益为依归；寡头（少数）政体以富户的利益为依归；平民政体则以穷人的利益为依归。三者都不照顾城邦全体公民的利益。①

我们将亚里士多德的一般政体分类标示如下（见表5—1）。

表5—1 **亚里士多德的政体分类**

政体分类				
所立宗旨		政权形态		
是否顾及全邦利益		统治者为一人	统治者为少数人	统治者为多数人
是	正宗政体	君主政体（王制）	贵族政体	共和政体
否	变态政体	僭主政体（专制）	寡头政体	平民政体

关于上述划分政体的原则以及所分类政体的性质，亚里士多

① ［古希腊］亚里士多德：《政治学》，吴寿彭译，商务印书馆1965年版，1279a33-b10，第136—137页。

德自己又提出一些疑难，进而对这种一般性的分类做了补充和完善。首先，寡头政体和平民政体的定义存在疑难。根据上述定义，寡头政体其实是少数有产者（富人）掌握统治权，平民政体实质是多数无产者（贫民群众）掌握统治权。如果把平民（穷人）政体解释为多数人统治，那么当城邦中代表最高治权的多数人都是有产者时就会出现反常。同样，如果寡头（财阀）政体被解释为少数人统治，那么当城邦中少数富有才能的穷人掌握治权时也会出现反常。因此，后两种可能情况都会与先前给定的各政体定义不符。亚里士多德的解决方案是合并这两类定义：财富联系少数，而多数则同贫穷结合。这样一来，寡头政体则指“人数较少的富人控制了城邦的治权”；平民政体则指“人数甚多的贫民控制着治权”。[①] 其次，针对这个新定义，亚里士多德认为还是可能出现新的反常，比如一城邦富户多数控制政权，而另一城邦的穷人少数控制政权。据此，亚里士多德得出的结论是：“寡头和平民政体的主要分别不在人数的为少为多。两者在原则上的分别应该为贫富的区别。任何政体，其统治者无论人数多少，如以财富为凭，则一定是寡头（财阀）政体；同样地，如以穷人为主体，则一定是平民政体。”[②]

二　各政体的亚种类

亚里士多德将一般政体划分为六种类型似乎只是一种理想的分类，而且不一定完整且符合现实。按照亚里士多德的观点，政治学研究理想政体，也兼及现实问题。具体而言，在现实条件下什么是可以做到的最优良政体；什么是大多数城邦可能施行的最优良政体；怎样保全现实各政体；各政体中较重要的如平民和寡头两种类型又有哪些类别。以王制为例，亚里士多德谈道：“一王为治的制度，我们曾经说是正宗政体各类型之一。我们应加考

① ［古希腊］亚里士多德：《政治学》，吴寿彭译，商务印书馆 1965 年版，1279b28-30，第 138 页。

② 同上书，1279b36-1280a2，第 138 页。

虑的问题是：任何城邦或国家要取得修明的治理，是否以君主政体为适宜，抑或王制实在不如其它型式的政体——或是王制在某些场合虽未必适宜，而在另些场合却又较为适宜。我们预先确定君主政体只有一属或数属（多种）。这不难认明，王制实际上包括若干不同种属，它们为政的方法各不相同。”[①] 因此，这就需要对君主制、贵族制、共和制、僭主制、寡头制和平民制进行再一步细分。

（一）君主政体的亚种

根据亚里士多德的区分，君主政体（王制）有五种类型：斯巴达式君主政体、野蛮民族的酋王、民选总裁、史诗时代的王制、全权君主制。

1. 斯巴达式君主政体

这种政体的显著特点是国王没有绝对治权，但有终身军事权力。“拉根尼（斯巴达）政体中存在着一种王室。这种王室素称君主政体的真实典型；但斯巴达王没有绝对的治权；他们只在出征时，离开本邦以后，才具有指挥军事的全权。此外则宗教事务的权力也属于王室。所以斯巴达王实际上是一个‘统帅职位’，受任终身，对于军事可以独立自主，发号施令。”[②]

2. 野蛮民族的酋王

在亚里士多德看来，这类政体类似僭主专制，常见于非希腊的野蛮民族国家当中。此外，它是“出于成法，列王都是世袭的”[③]。所以，这种君主政体比较稳定，在城邦的护卫者方面，它不同于僭主制且优于僭主制。

3. 民选总裁

民选总裁的政体形式，也称“艾修尼德”，常见于古希腊各城邦。民选总裁也类似于僭主，但不同于蛮族君主，因为它的职

① ［古希腊］亚里士多德：《政治学》，吴寿彭译，商务印书馆 1965 年版，1284b36-1285a1，第 161 页。

② 同上书，1285a3-7，第 161 页。

③ 同上书，1285a18-19，第 162 页。

位不是世袭，而是依法受任的。另外，民选总裁的年限不定，或终身，或若干年，或完成任务为止。这种制度的特点是："既具有专制（独断）的权力，这就类乎僭政；又是根据了民意，经过大众的推戴而受任，这又不能不说是君主政体了。"①

4. 史诗时代的王制

"它根据成法，其统治符合于臣民的公意，王位则由父祖遗传于子孙。王室的始祖都由军事技术（战功）起家，或团结一族的人民而创立了城市，或开疆拓土，为公众树立了不朽的勋业；于是大家共戴为君王而且议定了传统的世袭制度。"② 这种政体的特点是，王室集军事、祭祀和审判权力于一身。

5. 全权君主制

在亚里士多德看来，全权君主是"具有绝对权力的君主，由他一人代表整个氏族或整个城市，全权统治全体人民的公务；这种形式犹如家长对于家庭的管理。家务管理原来可以说是家庭中的王政，反过来说，这种君主政体也就是一城邦或一民族或若干民族的家务管理"③。关于全权君主制，亚里士多德认为这其中存在着"人治还是法治"的问题。"人治能随机应付世事的万变而法治可免于人情的偏徇。"一般的政体都应遵循法律，君主政体同样如此。但全权君主制属于人治，是不合时宜的制度。法律不能囊括万事，它未涉及之事应由人的智慧来补充，但是一人的独断不一定好于多数人的考虑，所以王制虽然在古代简朴社会较流行，但现世已经不合适。有人可能认为正如专精的技艺可以成就高超的作品，如果君主专精政事，也定可造福人民。然而，在亚里士多德看来，全权君主一人治理国事，难免存在失误，而且执政终身使国家的自由人终身处于臣属地位有失妥当。另外，这种世袭的君王制的后代如果出现无能或无德之辈，不免为害邦国。

---

① ［古希腊］亚里士多德：《政治学》，吴寿彭译，商务印书馆 1965 年版，1285b1-3，第 163 页。

② 同上书，1285b4-10，第 163 页。

③ 同上书，1285b27-31，第 164 页。

构建一个良好政体与成就一个善人的方法都是一样的，也即全都致力于优良生活。

（二）平民政体的亚种

按照城邦的社会组成以及政体的统治结构和各项职司的安排，平民政体有以下五种类型。

1. 严格平等型

“平民政体的第一个品种是最严格地遵守平等原则的品种。在这种城邦中，法律规定所谓平等，就是穷人不占富人的便宜：两者处于同样的地位，谁都不做对方的主宰。”[①] 这种政体特别重视自由和平等，并让所有人参加并分配政治权利，由占多数的平民的意愿来裁决一切政事，从而建立城邦的治权。

2. 财产型

这种政体“是以财产为基础，订定担任公职的资格，但所要求的财产数额是低微的；凡能达到这个数额就具有任官的资格，不及格的不得参与公职”[②]。

3. 出身型

这种政体是“凡出身（族裔）无可指摘的公民都能受任公职，而其治理则完全以法律为依归”[③]。

4. 非出身型

这种政体是“不问出身（是否双亲都属自由公民），凡属公民就人人可以受任公职，但其治理仍然完全以法律为依归”[④]。

5. 非法治型

这种政体“凡属公民都可受职，但其政事的最后裁断不是决定于法律而是决定于群众，在这种政体中，（依公众决议所宣布的）‘命令’就可以代替‘法律’”[⑤]。这是最极端的一种类型，

① ［古希腊］亚里士多德：《政治学》，吴寿彭译，商务印书馆1965年版，1291b30-33，第193页。

② 同上书，1291b39-1292a2，第193页。

③ 同上书，1292a2-3，第193页。

④ 同上书，1292a3-4，第193页。

⑤ 同上书，1292a5-7，第193页。

它将群众意志凌驾于一切职司和法律之上，逾越宪政常规而类似僭政。

（三）寡头政体的亚种

按照各种职司所要求的财产资格而论，寡头政体也可分为四个品种。

1. 财产型

这种政体的特点是："受任公职所必需的财产资格订得相当高，因而贫民虽属多数却全被摈斥在外，但其财产达到了这个数额的人们就全都可以分享政治权利。"①

2. 法定资格型

这种政体的特点是："财产资格既高，而且公职的补缺选任只限于具有法定资格的人们——凡公职补缺由全部合格的人们中选任的，表明其政体趋向于贵族；倘若限于具有某种特定资格的范围以内，这就显示它趋向于寡头。"②

3. 父子相传的世袭制度

这种政体的特点是，某专权一代继一代地保持在某个血缘家庭中的一种社会概念，公职在一家一姓中传承。

4. 非法治的世袭型

这类政体也是世袭，而且执政者们的权力更大，个人的意旨凌驾于法律之上。这是最恶劣的一种类型，也即"门阀政治（权门政治）"，执政党派十分狭隘，名位世袭，权力超越法律，也类似僭政。

（四）贵族政体的亚种

贵族政体也有四种类型，纯粹的贵族政体是以才德为主的政体；其余三种都接近于共和政体。

1. 最好贵族政体

在亚里士多德看来，严格地说，只有一种政体可称为贵族政

---

① ［古希腊］亚里士多德：《政治学》，吴寿彭译，商务印书馆 1965 年版，1292a 40-b1，第 195 页。

② 同上书，1292b1-6，第 195—196 页。

体（最好政体），“参加这种政体的人们不仅是照这些或那些相对的标准看来可算是些‘好人’，就是以绝对的标准来衡量，他们也的确具备‘最好’的道德品质。只有在这些人们组成的政体中，善人才能绝对地等同于好公民；在所有其它的政体中，善德只是按照那种政体中各自的标准，各称其所善而已”①。

2. 品德型

余下的几个品种虽然达不到至善和真正贤良的标准，但仍不同于寡头政体和共和政体，所以仍算作贵族政体。其中一个亚种是“职司的选任不仅以财富为依据，还须以品德为依据”②。

3. 迦太基和斯巴达式政体

在这样的政体中，虽然没有明确规定善德为社会生活的目的，但仍然可找到品德高尚的人。这类政体注重财富、才德和多数平民三项因素，或者兼顾才德和多数平民两项因素。

4. 共和政体的变体

共和政体本是平民和寡头两种政体的混合，混合政体倾向于平民主义为共和，倾向于寡头主义为贵族政体。亚里士多德将包容自由出身的平民、富室和才德之士三者并重视才德的混合政体归为贵族政体，仅兼顾自由出身和财富两要素的混合政体则称为共和政体。

混合平民与富室建立的共和政体有三种方式：（1）合并平民和寡头两个体系；（2）两者的折中；（3）在两政体中各取某些性质加以混合。若两者混合不能分辨出其为平民或寡头政体的，就是成功的共和政体，例如，斯巴达的混合政体。

（五）僭主政体的亚种

僭主政体是君主政体的变种，它有三种类型：

（1）施行于非希腊民族的君主政体（王制）。

（2）施行于希腊古代的民选总裁。

① ［古希腊］亚里士多德：《政治学》，吴寿彭译，商务印书馆 1965 年版，1293b3-7，第 200 页。

② 同上书，1293b9-10，第 200 页。

（3）僭主政体本式，也即僭主专断全邦而万事完全以一己私利为依归。

在亚里士多德看来，前两种僭主政体虽有别，但都是半王半僭的制度，因为它们的建制出于民意，其为政也遵循法治。在这两类政体中，统治者的意志具有最高权威。第三类僭主制是真正僭政的典型，也是绝对君主政体的反面形式。所以，第三类僭主制最为恶劣，“当单独一人统驭着全邦所有与之同等或比他良好的人民，施政专以私利为尚，对于人民的公益则毫不顾惜，而且也没有任何人或机构可以限制他个人的权力，这就成为第三种僭主政体。这是暴力的统治；所有世间的自由人当然全都不愿忍受这样的制度”①。

三　政体的职能与机构

在通晓一般政体的各种类型之后，获得建立政体的正当方法也是重要的。这就需要了解政体所应具备的要素，特别是它应有的职能和相应机构。“一切政体都有三个要素，作为构成的基础，一个优良的立法家在创制时必须考虑到每一要素，怎样才能适合于其所构成的政体。倘使三个要素（部分）都有良好的组织，整个政体也将是一个健全的机构。各要素的组织如不相同，则由以合成的政体也不相同。三者之一为有关城邦一般公务的议事机能（部分）；其二为行政机能部分——行政机能有哪些职司，所主管的是哪些事，以及他们怎样选任，这些问题都须一一论及；其三为审判（司法）机能。”②

因此，城邦有议事、行政和司法（审判）三职能。相应的议事机构具有最高权力，它可以规定和平与战争以及结盟与结盟事项，制定法律，裁决司法方面有关死刑、放逐和没收的案件，行政人员的选任以及任期终了时对于他们的政绩的审查。行使议事

① ［古希腊］亚里士多德：《政治学》，吴寿彭译，商务印书馆1965年版，1295a 16-21，第206—207页。

② 同上书，1297b36-1298a3，第218页。

职能的方式有三种：（1）全体公民合议一切事情；（2）部分公民合议一切事情；（3）全体公民合议部分事情而部分公民合议另一些事情。这三种议事方式分别对应平民、寡头和贵族，以及共和方式。行政机构根据职司种类的多少、权限轻重、任期长短、选举或抓阄等方式来适应政体。审判机构（即法庭）依案件性质和审判程序可以区分为八类："其一为审查执政人员的措施和账目的法庭；其二，听断违犯城邦公共利益的普通案件；其三，专司违犯宪法（政体）案件；其四，处理关于民事和刑事的争执，包括由行政人员或由私人控诉的讼案；其五，关于私人间契约的纠纷，这类纠纷很多，是时常发生的；其六，杀人案件；其七，外侨案件。……第八种法庭裁判私人间细小的契约纠纷。"① 组织法庭也有三种重要方式："第一类，从全体公民中选拔陪审员审断所有一切案件的，属于平民性质。第二类，从部分公民中选拔法庭成员审断一切案件的，属于寡头性质。第三类，某些法庭的成员从全体，另些法庭则从部分公民选拔其成员的，属于贵族和共和性质。"②

四　政体的变革与保全

（一）各种政体变革的一般原因

一般城邦都以偏颇的正义和平等观念作为建政原则，邦内持有相异观念的各部分（党派）就企图推翻这种政权，这是引起政变和革命的一般原因。例如，平民政体以数量论平等，寡头政体以财产数额论平等，各有所偏。政变有时把旧政体完全颠覆，有时只作某些局部改革。变革的原因可以从三个方面来看：（1）一般的心理状态；（2）革命者的企图；（3）事变发生的动机。"为了要研究引起内讧以致发动政变的种种情形，我们应当先考察它们一般的原因。这可以分为三项，我们对于每一项当分别作简

① ［古希腊］亚里士多德：《政治学》，吴寿彭译，商务印书馆 1965 年版，1300b 19-23，第 231—232 页。

② 同上书，1301a11-15，第 233—234 页。

略的叙述并一一加以讨论：（1）怎样的情绪引起骚动；（2）发难的人们抱着什么目的；（3）事变和政争常常由于什么机会而爆发。"①

第一个方面的原因主要是人们的平等观念和现实的"不平等"情绪之间的冲突。"有些人看到和他们相等的他人占着便宜，心中就充满了不平情绪，企图同样达到平等的境界。另一些人的确有所优越，看到那些不能和自己相比拟的人们却所得相等，甚至反而更多，也就心中激起了不平情绪，企图达到优越（不平等）的境界。——这些情绪也许都有道理，也许都不应该——于是，较低的人们为了求得平等而成为革命家，同等的人们为了取得优越（不平等）也成为革命家。"②

第二个方面，也即发难的人们的目的在于私利和荣誉。"至于发难的人们，其目的无非在私利和荣誉，也可以相对地由于害怕受到损害和耻辱；有些人闹事的本意只在避免某种惩罚或耻辱，或者由于自己或朋友遭受了这些不幸，他们竟然鼓煽大众发动了一次政变。"③

第三个方面，即人们发动政变的动机有很多，发生革命的动机则有两类。人们产生离异之心的目的是为争取名利，动机则是名利的分配或多或少（合乎正义或不合乎正义），人们认为不公平，进而发生争执。这是主要动机。另外，政变还有其他的动机，例如"纵肆、恐怖、某些形式的特权或僭越、对于当权者的鄙薄，或一邦之中某些部分（阶级）不平衡的扩张。由偶然事物而引起内讧或变革的另一类动机为：选举舞弊、政事疏懈、怠忽小节、邦内各部分（政治组合）的失调"④。

在亚里士多德看来，如果当权者行为傲慢，又贪婪自肥，那

---

① ［古希腊］亚里士多德：《政治学》，吴寿彭译，商务印书馆1965年版，1302a 16-21，第240页。

② 同上书，1302a23-29，第240页。

③ 同上书，1302a30-33，第240页。

④ 同上书，1302b1-5，第241页。

么人们不仅会指责这些不称职的人，也会批评授权给这些人们的政体。其中贪婪是最大祸害，一些当权者仗势欺人，另一些则是侵吞公物。荣誉是除贪婪之外的另一重要诱惑因素。人们一旦丧失名位或荣誉，就心怀异志，对他人的名位和荣誉产生嫉妒和愤恨。总之，荣誉的得失总会导致内讧。此外，部分团体的势力过大，占有特权，也会引起其他团体不满，特别是在君主专制或门阀寡头政治当中。政变和革命的原因通常都是由小及大。例如，某些职司权力过重或某些部分过度兴旺，贫富阶级分明，而且势均力敌，无中产阶级缓冲，暴力和欺诈是革命活动的特点。

（二）各种政体变革的特殊原因

1. 平民政体变革的特殊原因

平民政体发生动乱常常因群众领袖所持侵害富室的政策而引起变革，或激成富室的反动，或群众领袖乘机而自立为僭主。“就平民政体而言，政变都起因于群众领袖（德谟咯葛）的放肆。他们有时是各别的指摘或诬控富户，迫得富人们联合起来——人们遭遇共同的危难，虽然原是仇敌，也会联合起来的——；有时则鼓动群众攻击整个财富阶级。”① 此外，政治活动家要求扩大群众权力以取媚平民，使得平民政体由温和转变为极端。

2. 寡头政体变革的特殊原因

寡头政体的变革常常起因于政府虐待群众，或统治集团的内部倾轧。“就寡头政体而言，造成政变（革命）有两个特别显著的途径。（1）第一个途径是执政者虐待平民群众。……（2）第二个途径是执政团体间的自相倾轧。”② 第一种途径的变革起因于执政团体以外的反对者。例如，被排除在公职之外的富室因为不满公务被操纵在极少数人的手中，而推翻寡头政体。第二种途径的内讧源于执政者为压制异己，不惜装扮平民英雄的姿态，从而毁坏自己的政体。例如，在统治者集团内部施展平民英雄的伎俩，

① ［古希腊］亚里士多德：《政治学》，吴寿彭译，商务印书馆1965年版，1304b 21-25，第253页。

② 同上书，1305a36-37，1305b21，第257、258页。

或者寡头人物在平民群众面前表演这种角色。此外，社会财富增加、官僚机构膨胀以及统治集团的成分发生改变都会导致政体的变更。

3. 贵族政体和共和政体变革的特殊原因

贵族政体的变革源于统治集团的门户过于狭隘。“在贵族政体中引起骚乱和变革的各种原因之一是为了名位只限于狭小的范围。”① 但是，“贵族政体以及共和政体倾覆的主要原因应该是由于它们偏离了建国的正义”②。贵族政体和共和政体都是混合政体，如果所混合的要素丧失平衡，也会导致内乱。共和政体混合的要素为平民群众和寡头，贵族政体除了混合平民群众和寡头两要素外，还要加上才德要素。“政体的调和要素侧重于寡头贵要的称为贵族政体，至于侧重于平民群众的则称为共和政体。”③“每一政体如果不是适当地平衡各个要素而偏重于这个或那个方向时，政变就可能发生在那个偏重的方向。受有特惠的那一部分（要素）将进而增强自己所占的优势：于是一个共和政体便将变成平民政体，而一个贵族政体便将变成寡头政体。”④ 所以，贵族政体常因小节而酿成大祸；共和政体也常常积渐而归败坏。所有政体发生更替的另一重要外部原因是外敌入侵，或因外患而致内变。

4. 君主政体和僭主政体变革的特殊原因

王制和僭政变革的原因是：凌辱、恐惧、鄙薄、野心等，这些都可激起人们推翻君主。僭政的倾覆或因遭受敌邦攻击，或由本国的内乱。僭主专务私利，甚于寡头和平民政体的劣种，往往被民众所仇恨和厌弃。王制类似贵族政体，目的在于领导社会发展，监护各部分的利益，所以为时较长久。在当前平等的

---

① ［古希腊］亚里士多德：《政治学》，吴寿彭译，商务印书馆 1965 年版，1306b 22-23，第 264 页。

② 同上书，1307a6-7，第 266 页。

③ 同上书，1307a13-14，第 266 页。

④ 同上书，1307a19-23，第 266—267 页。

理念下，王制很少能保存，近代所见的君主政体都是以武力篡夺国柄的僭政。

（三）各种政体的保全方法

按照亚里士多德的观点，各种政体的一般保全方法是：第一，对于各个要素业已调和好的政体，要禁绝一切违法的举动，特别注意小节；第二，不要欺蒙人们；第三，统治阶级与被统治阶级之间应维持好的关系，例如官员以正义和公道对待群众，和谐相处；第四，执政者应爱重邦国，熟虑敌害，把远祸看作近忧，居安思危；第五，执政者应依法防治贵族阶级间的争吵和内讧，提高警惕，防微杜渐，避免不同党派间的私斗；第六，设置监督私人生活的职司，防止出现与现行政体不相协调的人们；第七，一切政体都应订立法制并安排它的经济体系，使执政和属官不能假借公职谋求私利。归纳言之，这些一般的保全方法可以总结为：整饬法纪、防微杜渐、讲求忠信、协和全邦；时常警惕敌寇，团结人民；慎重名位，赏罚有节，注意邦内不逞之徒，伺察社会，勿让某一部分过度兴旺；还应该禁绝官吏的贪污。

对于寡头和共和政体，要注意财产资格（定额）的变化带来的影响。对于平民和寡头政体，不能让任何人在政治方面获得脱离寻常比例的超越地位。此外，平民政体应顾全富室，例如，保护富室的产业不被瓜分，保障他们从产业中所获得的收益，不容许削减富室的产业。寡头政体应济助贫户，认真注意穷人的利益，例如，让穷人担任小功赏的职司，对欺凌穷人者要严加惩罚。此外，执政人员当忠忱而有才德，并守法不苟。任何政体都应当求得大多数公民的拥护，才能稳定。一切措施都不可趋于极端，唯有中庸之道方能持久。教育人民使其生活思想和日常行为符合于宪法要旨；世人对于公民教育往往疏忽，极端平民政体尤其轻率，鼓励随心所欲的自由。

保全王制的办法是谦恭温和。保全僭主的策略有两种：一是采取高压政策，以严刑摧残人民的意志，以重课耗竭他们的余资，并散布不和的种子使人民互相猜疑；二是伪装王制，勉自克制，粉饰为仁政，由此延续存在时间。但专制总是无法持久，古来僭主都命运短暂。

第三节　最优良政体

一　理想中的最优良政体

在《政治学》最后两卷（第七卷和第八卷）中，亚里士多德讨论了他所认为的最好（或最优良）政体。不过，他对这种理想政体的描述并不完整，因为他关于公民音乐教育的讨论发生了中断。亚里士多德还讨论了城邦领土的范围、人口规模以及公民的性格和职业等问题。理想城邦的所有这些条件都以自给自足和德性两个目的为标准。具体而言，理想城邦应该满足下列条件：

（1）人口规模既要足够大以达到自给自足，又要足够小以便于公民之间的交流。

（2）领土要足够大以达自给自足，也要足够小以达到防卫和商业目的。

（3）城邦是否需要参与商业贸易以及是否需要建立适当的海军，这都依赖于这些考量是否有益于或有损于自给自足和德性两个目标。

（4）公民性格以希腊民族的优良秉性为佳，因为希腊民族既有北方民族精神健旺的优点，又兼有亚洲民族技巧灵活的优点，这是理想城邦所要求的公民品质。

（5）在社会结构上，理想城邦既应有经济配备，又要建有军政体现，应包括农业、工艺、防卫、田产管理、祭祀以及议事和审判六种业务。此外，应实行私有公用原则。

（6）食物的供应和土地的分配要致力于自给自足和德性两个目标。德性的目标是要求公民既有理智又有精神活力，而且公民权要排除农民、工匠、体力劳动者（劳工）和商人。亚里士多德对公民权的限制，不仅违背民主，也与柏拉图《理想国》不一致。《理想国》中的政体也反对民主，但把生产者（经济阶层成员）包括在公民权之内。

（7）城邦的规划设计要考虑居民的健康和安全。

（8）理想城邦应奉行正义或平等原则并实行法治。

此外，亚里士多德特别重视理想城邦中公民的教育问题，而且他关于最好政体的讨论都在关注公民教育。在讨论教育之前，亚里士多德重申了城邦的目标：幸福和有德性的公民。公民的身体和道德教育就是致力于培养德性。亚里士多德讨论了实现人的社会功能的各种必需和有用的教育以及身体教育，但他最关注音乐教育，因为音乐与我们的闲暇有关。德性不仅适合于社会有用的东西，而且适合于本身是善的活动（也即不为任何其他动物而有用）。音乐有三个目的：教育、放松和正确使用闲暇。首先，音乐最准确地代表情绪，如果从孩提时代起就练习正确种类的音乐，可以帮助我们训练德性所需的正确情绪。这里面包含的一个重要政治理念是，参加一项活动会使我们对那项活动有更好的评判。正如亚里士多德所言，“从未登场的人们，虽然也有可能，毕竟很难成为那一门才艺的良好评判（鉴赏）家”[①]。根据这种理念，参与政治统治的活动可以使我们对统治者有更好的评判，比如我们会感激给我们带来好处的好决策，同时反思给我们带来损失的坏决策。其次，音乐作为放松或消遣的活动可以提升我们的工作。理查德·克劳特（Richard Kraut）在其著作中就详细阐明了音乐的这个目的。在他看来，传统的诗歌表达智慧，吟诵和聆听这类诗歌是普通公民最好的人类活动，哲学化或沉思性的活动可以产生一种有秩序的自然世界。[②] 由于亚里士多德在《政治学》最后两卷中没有完整地讨论最好政体，我们必须返回到第二卷和第三卷来补充亚里士多德关于最好政体的讨论。

---

① ［古希腊］亚里士多德：《政治学》，吴寿彭译，商务印书馆 1965 年版，1340b 23-24，第 430 页。

② Richard Kraut, *Aristotle: Political Philosophy*, Oxford: Oxford University Press, 2002, pp. 200-202.

亚里士多德认为，正如美德是一种适中，为政也应尚中庸，因此以中产者为主的共和政体介于贫富之间，可以协调两阶级的争端，是较为稳定和适宜于一般城邦的政体。中产阶级执政的政体自古并不多见，一方面因为中产者为数不多，另一方面他们又不热衷于政治权力。故此，希腊城邦诸国均趋向平民政体和寡头政体两个极端，很少能见到共和制。中产者执政的政体是通过求得两者间平衡的混合政体。若尚数的平民强于尚质的富室，那么平民政体会建立，反之则建立寡头政体。若中产阶级的势力均超过贫民和富室，或仅超过其中之一，就可以建立共和政体。寡头政体常欺骗贫民群众，而平民政体常欺骗富室。欺骗终究会引起国家动荡，因此重视中产者的作用是必要的。所以，在亚里士多德看来，共和政体应当是最理想的政体。从政权的结构看，它避免了平民政体和寡头政体这两个极端，而采取一种中间立场审慎地混合了两者的优点；从社会基础看，它以中产阶级为主体，并且是中产阶级执政，而中产阶级无论在道德上还是在经济上都兼顾着富人与穷人的优点，克服了两者的缺陷。

二　理想政体与正义原则

亚里士多德关于政体分类的正确性标准以及按此标准分配政治功能的讨论，与他的正义观念相联系。在《尼各马可伦理学》中，亚里士多德区分了两种正义：一是普遍正义，即遵守法律，这种正义致力于共同善，因此构成德性的整体。

> 此外，既然违法的人是不公正的，守法的人是公正的，所有的合法行为就在某种意义上是公正的。因为，这些行为是经立法者规定为合法的，这些规定都是公正的。所有的法律规定都是促进所有的人，或那些出身高贵、由于有德性而最能治理的人，或那些在其他某个方面最有能力的人的共同利益的。所以，我们在其中之一种意义上，把那些倾向于产生和保持政治共同体的幸福或其构成成分的行为看作是

公正的。[1]

二是特殊正义，也即分配平等，根据功绩来分配荣誉和财富等利益。“我们已经区分了不公正的两种意义，即违法与不平等，以及公正的两种意义，即守法与平等。”[2]“只有当平等的人占有或分得不平等的份额，或不平等的人占有或分得平等的份额时，才会发生争吵和抱怨。从按配得分配的原则来看这道理也很明白。人们都同意，分配的公正要基于某种配得，尽管他们所要（摆在第一位）的并不是同一种东西。”[3] 亚里士多德由此联想到统治权的分配，特别是对治权分配结构的担忧。例如，在柏拉图的《理想国》中，最高统治者的永久在位会引起武士阶级的不满。

> 又，在苏格拉底所设想的政体中，主治的人们（永不更替）一直由他们执政；这就隐伏着危险的根源。这样的制度即使在较为贫贱的阶级，也会引起不满而滋生纷扰，这在傲慢的战士们当然要感到不可容忍了。[4]

在亚里士多德看来，统治权应该是应得者们分享的一种权力，而不仅仅是有资格者所分享的特权。这个观点再次表达了亚里士多德关于公民轮流统治和被统治的想法。不过，亚里士多德又特别提到，如果有统治者极优于其他任何人，那么这位优胜者应该为统治者，但是很难有这样的情形出现。“邦内如果在同级中有超群拔类的人们，他们的体格和智虑几乎像诸神和英雄，那么统

---

① ［古希腊］亚里士多德：《尼各马可伦理学》，廖申白译注，商务印书馆 2011 年版，1129b13-20，第 142 页。

② 同上书，1130b9-10，第 145 页。

③ 同上书，1131a24-29，第 148 页。

④ ［古希腊］亚里士多德：《政治学》，吴寿彭译，商务印书馆 1965 年版，1264b7-10，第 60 页。

治阶级自将与他们的臣民判然相异。但这样的设想，世上终不可遇。”[①] 假如说神优于任何人，那么神就应该统治我们，然而，政治学应该是表达人的实践智慧，而且政治活动的善不会消失，因为有人能够做得更好。

然而，各种政体持有不同的正义观念。按照平民主义者的观点，人的出身相等，所享有的一切权利也都相等。寡头主义者则认为，人们的财富不等，所享有的一切权利也不等。在亚里士多德看来，城邦的目的不仅求取人类的生存，而且要实现共同的优良生活，所以公民权利的分配应当根据他们对城邦目的所做出的贡献以及贡献的大小来进行。出身（或血统）和财富虽是城邦生存的必要条件，但不能任取其一来实现全邦的优良生活，不能单独作为正义的依据。鉴于此，亚里士多德认为，城邦的最高治权应寄托于平民群众还是少数富室，少数贵族抑或最优胜的一人或僭主，都是很难确定的。最高治权不寄托于任何人或若干人，而应寄托于法律，也难定论。如果政事寄托于少数（或唯一）才德卓异的人而不寄托给平常众人，那么问题就会产生。虽然群众就个别而言人数众多，才德参差不齐，但就集体来说它的判断能力不亚于才德卓著的专家，累加起来的财产总额也不少于富室。因此，若以此来评断，群众参与议事和司法获益更多，这就进而告诉我们，多数人治国的政体模式是可取的。当然，无论是少数人（或一人）或多数人统治的模式都应当遵循法律，统治阶级应该在法律管辖的范围之外运用个人智慧来管理城邦。

因此，正义原则对于任一政体都非常重要。正义的基本原则是按照公平原则把等量事物分配给相等的人们。同样，无论在哪一政体中，应该根据该团体的实际贡献或功绩为标准来分配政治权利，也即是说，每一公民尽了多少义务就取得多少权利。城邦中可按财富、出身、才德和集体多数分为四类团体，它们各自的

①［古希腊］亚里士多德：《政治学》，吴寿彭译，商务印书馆 1965 年版，1332b 19-23，第 391—392 页。

政治权利同样依据各自对城邦的贡献标准来分配。如果单依平民主义，则才德卓著的人就被排除以维护多数人统治。如果单依才德为标准，则应以出类拔萃的圣贤为君王。

三　理想政体与公民权

亚里士多德的政体理论还揭示了统治与被统治之间的另外一种关系，这就是公民权的问题。亚里士多德的六种政体分类与他的公民权概念是分不开的。一个人为了共同善的目的而统治称作“王制”；少数人为了共同善而统治称作“贵族制”；多数人为了共同善而统治称作“共和制”。相应的变态政体形式是：为了统治者利益而不是被统治者利益而统治分别称作“僭主制”、“寡头制”和“民主制”。在亚里士多德看来，所有正宗政体所致力于的共同善是政治共同体所有成员的共同善，也就是说，所有“公民”（polites）的共同善。

> 在这些偏离了正宗的政体中，一般公民的共同利益既然不受照顾，那么他们也就不必称为“公民”了；如果说他们必须称为“公民”，那么他们所在的公务团体或政体就应该照顾到全城邦人民的利益。①

因此，政治家和立法家要履行他们的工作，他不仅需要努力促进共同体的利益（而不仅仅是他自己的利益），他还需要知道共同体的边界在哪里，谁将算作公民。在《政治学》第三卷第1章中，亚里士多德意识到谁该算作公民的问题是有争议的。“公民”这个词常被模棱两可地使用。有些人把所有居民算作公民，有些人则把所有自由民算作公民，这样一来，外来的居民和流放的人就是一个问题。能够成为公民的充分条件是政治权利，仅有

① ［古希腊］亚里士多德：《政治学》，吴寿彭译，商务印书馆1965年版，1279a 30-32，第136页。

居住权利、诉讼权利，或者是公民的后裔，都不足以算作公民的资格。所以，一般来说，每种不同类型的政体关于谁该算作公民有不同的观点。亚里士多德认为，在平民政体中，“凡属公民就终身具有参加议事、司法和行政机构的权利”。对于一般政体，“公民”也是在一定时期内可参加司法和议事机构的人。父母有一方为公民的，其后代不一定就是公民。只有当父母亲都是公民，他们的后代方才为公民，因为他已获得政治权利。所以，亚里士多德关于公民权应当如何定义有坚定的看法：“最好是根据这个标准给它下一个定义，全称的公民是‘凡得参加司法事务和治权机构的人们’，应用这种标准，上述那些缺憾就被消除了。”[①] 在这一章的结尾处，亚里士多德又说道：

> 从上述这些分析，公民的普遍性质业已阐明，这里可以作成这样的结论：（一）凡有权参加议事和审判职能的人，我们就可说他是那一城邦的公民；（二）城邦的一般含义就是为了要维持自给生活而具有足够人数的一个公民集团。[②]

现实的城邦可以不同方式定义公民权，但对于每个城邦来说，最好或最正确的公民权标准是那些有权利分享职权的人。

亚里士多德把妇女、奴隶、农民、工匠和商人都排除在公民权之外。妇女和奴隶不能授予公民权，因为他们精神上不具备参加政治活动的能力。亚里士多德把经济生产者（农民、工匠和商人）排除于公民权之外的理由是经济活动损害了从业者的心灵，并且使从业者们有很少的闲暇来发展德性和参与政治活动。在亚里士多德看来，赚钱的职业会扭曲人的视野和前途。按照克劳特的观点，亚里士多德所列举的没有资格从事政治活动的职业从业者，实际上涉及理性的限制使用。克劳特认为，亚里士多德对影

---

① ［古希腊］亚里士多德：《政治学》，吴寿彭译，商务印书馆 1965 年版，1275a 19-23，第 114 页。

② 同上书，1275b18-21，第 116—117 页。

响政治学前景的关心是合理的。[①]

另外，城邦的同一性是根据它的政体来保证的。一个城邦可以历经革命或战争仍然保持为同一个城邦，只要它的政体保持不变。所以，人们不以城墙认取城邦，因为城墙可以毁灭；人们也不以城邦中居住的种族来认同城邦，因为居住的种族可以随战乱而发生变动。城邦是一个组合物，人们根据它的组合方式——也即政体来认同它。既然公民对于城邦国家十分重要，通常公民是城邦的统治阶级，那么培育好的公民应当具备什么样的品德呢？在亚里士多德看来，好公民依不同政体而异，每种政体都有自己的好公民定义。一般而言，好公民的品德不必与好人的品德相同，因为世上的好人可能各自有不同的好品德。亚里士多德认为，只有当城邦国家实行轮番为治的政制，其中公民既可为统治者，也可为被统治者，他们都需具备四种好的品德，这时好公民的品德才等同于好人的品德。按照公民的条件，工匠和劳工都不属于公民，所以也无须好公民的品德。不过，不同的政体有着不同的处理：贵族政体不准工匠为公民，寡头政体则允许富有工匠为公民，平民政体在特殊时期吸纳工匠为公民。

然而，在唐纳德·莫里森（Donald Morrison）看来，公民权的这种定义产生了一个针对亚里士多德政体分类的主要问题。这个问题是这样的："（亚里士多德）坚持一个合适政体是促进整个公民团体利益的政体，而不仅仅是统治阶级利益的政体。但是（亚里士多德）的公民权定义将公民阶级限制于那些参与统治的人，那么根据他的观点，统治阶级和公民团体似乎是重叠的（co-extensive）。"[②] 按照唐纳德·莫里森的观点，在君主政体中，一个人持有绝对权力，不与任何其他人分享统治权。从亚里士多德的公民权定义来看，那个人将是唯一的公民。既然君主是唯一的公

① Richard Kraut, *Aristotle: Political Philosophy*, Oxford: Oxford University Press, 2002, pp. 216-217.

② Donald Morrison, "Aristotle's Definition of Citizenship: A Problem and Some Solutions", *History of Philosophy Quarterly*, Vol. 16, No. 2, 1999, p. 144.

民，他的自利和公民团体的利益就是等同的。这样一来，僭主制（暴君）就是不可能的，因为促进他自身利益而忽视其他居民利益的君主仍然是在促进所有公民（也即他自身）的利益。换言之，他也是在为（所有公民，也即他自身的）共同善而行为，因此他是国王而不是僭主。寡头制也一样，如果少数人将持有职权的权利完全限制于他们自身，那么根据亚里士多德的标准，他们也将公民权限制于他们自身。如果这些人以他们阶级的利益而不是其他居民的利益来统治，那么他们仍然在为了城邦的共同善而统治，因为他们是公民，而不是其他居民是公民。[①] 在民主制的情形中，所有本土出生的自由成年男性都是有公民权的，对此，亚里士多德担心的是，如果政治职位被每个人所分享（即所有自由的本土成年男性），那么穷困的大多数将以富有的少数人的利益为代价来提升他们自己的利益。但是，既然民主选举权是普遍的，那么公民团体就包括富人和穷人。因此，只促进穷人利益的民主政体忽视了少数公民的利益，也即富人的利益，所以它就不能够寻求到共同善。由此看来，亚里士多德的公民权定义和好坏政体的分类就导致不融贯性[②]。

在《政治学》第七卷第8—9章中，亚里士多德通过严格推理来辩护"经济阶级应排除在公民权之外"的主张，同时也似乎暗地里回应了上述疑难。亚里士多德一方面区分了对于某事物所必要的东西与对于这个事物是它的部分的东西，例如，建房屋的技艺对于建造房屋是必要的，但这种技艺不是房屋的部分；另一方面认为必要的东西与作为部分的东西之间没有共同成分，例如建造房屋的工匠与房屋之间没有共同地方。亚里士多德将这些看法应用到城邦。城邦所必要的东西是食物、防卫等，所以只有提供防卫和宗教服务的人才能过有德性的生活，而经济生产者不能过有德性的生活，这是因为制度的安排，不是由于他们天生的能力。

① Donald Morrison, "Aristotle's Definition of Citizenship: A Problem and Some Solutions", *History of Philosophy Quarterly*, Vol. 16, No. 2, 1999, p. 144.

② Ibid., p. 145.

亚里士多德设想过不同阶级的生活可以换替，比如，教士来过农民的生活，农民则过教士的生活。但是，如果自然没有这样安排，那么把经济生活赋予有自然能力过政治生活的人，进而把这样的人排除在政治生活之外（因为经济生活不允许他们发展和训练政治生活所需要的德性），这将是不公正的安排。因此，在追求幸福的过程中，亚里士多德的理想政体不仅使有德性的公民能够过优良的生活，而且使具备这种能力的公民能够变得有德性。对于公民来说，一种良好政体应该致力于他的德性和幸福。如果他在这种政体中的活动，如经济活动，阻碍他发展德性和幸福，那么这种政体就没有致力于他的幸福。既然在没有经济活动的条件下，公民在这种政体中不能达到幸福，那么有德性和幸福的公民就要求其他人来从事经济活动，并尽可能使这些人也达到善的目的。

第六章　亚里士多德与当代政治哲学

亚里士多德可以说是古代第一位试图基于政治生活本身而不是基于哲学或特殊哲学所提供的视角来对政治现象进行系统解释的思想家。更进一步，他所开创的政治学的实践或经验研究进路也深深地影响着后世的政治哲学研究。人们常常将亚里士多德的这种实践进路与柏拉图的研究进路相比较。对柏拉图而言，政治学的研究仍然是一种本质上思辨的事业，它总是与形而上学的考量相联系，并且政治学研究的中心问题是哲学或哲学家与城邦国家之间的一种理论关系。亚里士多德虽然不关心这类问题，但也脱离不了，他在《政治学》第七卷中对最好政体和最好生活方式的讨论就证明了这一点。

按照当代实证主义的原则，亚里士多德的政治哲学显现出这样一种特点：事实重于理论，科学重于形而上学，更重现实或可能而不是理想。因此，亚里士多德的政治哲学是实践哲学而不是理论哲学。实践哲学与理论哲学之间的差别在于它们的目的。理论哲学致力于知识本身，而实践哲学是为了行动。显然，亚里士多德的政治哲学首先是一门实践科学，因为它意图有利于政治实践。换言之，亚里士多德的政治学不是（主要）针对哲学家，而是针对积极参与政治活动的人。为了实践目的，亚里士多德的政治学著作主要针对政治家或立法家这个阶级。

亚里士多德的政治哲学无论从研究路径还是它探讨的主题，都影响着后来西方政治哲学的发展，这是毋庸置疑的。特别是，当代西方政治哲学各种思潮的涌现都或多或少地与亚里士多德的政治哲学思想有关。

第一节　亚里士多德与当代自由主义政治哲学

一　自由主义政治的起源和内容

自由主义（liberalism）没有固定的意义，它有许多种形式和特征，而且著作家们常以不同方式描述它。按照当代杰出的自由主义政治哲学家罗尔斯的观点，自由主义有三个历史起源：一是16、17世纪的宗教改革和宗教战争；二是不断兴起的中产阶级对皇权的逐渐驯服以及君主立宪政体的建立；三是劳动阶级赢得民主和大多数人的统治。[①] 在罗尔斯看来，自由主义运动还没有完成，而且它的重要方面直到今天还没有胜利，一些方面仍然有很长的路要走；所有现存的自由民主都是很不完美的，民主正义所要求的东西还远远没有达到。自由主义可以分为两个阶段：一是以霍布斯、洛克、休谟、卢梭和密尔为代表的古典自由主义；二是20世纪以罗尔斯、诺齐克和哈耶克为代表的复兴古典的当代自由主义。当然，自由主义本身内部还存在许多流派。

自由主义政治哲学的核心可以概括为广义的正义。这又包含三个要素：平等的基本权利和自由、自由的优先性以及确保全体社会成员享有这些权利和自由的手段。[②] 平等的基本权利和自由包括：平等的政治自由，例如选举和竞选公共职位的权利，各种自由政治演说的权利；以及公民自由（civic liberties），例如自由的非政治演说的权利，自由结社的权利以及心灵的自由（liberty of conscience）；此外，还包括机会平等，游行的自由，一个人心灵和身体的权利（人的完整性），个人财产的权利，以及法律规则所覆盖的自由和公平审判的权利。自由的优先性是指当以上给

① John Rawls, *Lectures on the History of Political Philosophy*, edited by Samuel Freeman, The Belknap Press of Harvard University Press, 2007, p. 11.

② Ibid., p. 12.

出的各种权利和自由发生冲突的时候，我们应该赋予其中哪项权利或自由最大的优先性。自由主义的第三个要素是，赋予所有社会成员享有利用这些自由的权利以及获得这些权利和自由的手段。例如，除了基本的自由和平等机会之外的收入和财富，以及教育和医疗保险等。各种不同形式的自由主义都在某种程度上满足上述三个要素，并且我们也可以通过指定不同的要素来区分不同的自由主义。

二 自由主义的中心论题

自由主义的中心论题有很多，例如确保基本的自由。按照罗尔斯的观点，自由主义的中心论点是："一个合法的政权是这样的使得它的政治和社会制度对于所有公民都是可辩护的——对于每一位公民——通过强调他们的理性，理论的和实践的。再者，社会世界的制度的辩护必定在原则上对每个人都是可能的，因此对所有生活于其中的人是可辩护的。一个自由政权的合法性依赖于这样一种辩护。"① 从罗尔斯的论述中，我们可以看到自由主义关注的核心仍然是个人与国家、社会之间的关系，但是自由主义强调以个人主义为根本出发点来看待国家与社会，国家的政治制度及社会制度的建立应当维护个人的自由和平等权利，并通过法治和民主来保障个人的自由和平等权利不受侵犯。总之，国家的政治和社会制度的合法性应建立在保护个人的自由和平等权利的基础上，经过个人的理性反思才是可接受的。

自由主义强调政治和社会制度要求每个公民的理性辩护，这主要是由于社会契约传统和合法的政治命令依赖于全体一致的同意。契约辩护的目标是指出社会的每个成员有充分的理由同意那个命令并承认它，但条件是其他公民也承认它，这样才能产生全体一致的同意。正如洛克所言，"每个人天生都是自由、平等和

① John Rawls, *Lectures on the History of Political Philosophy*, edited by Samuel Freeman, The Belknap Press of Harvard University Press, 2007, p. 12.

独立的，没有人可以置于这个领域之外，并在没有他自己同意的情况下遭受另一个人的政治权力压迫。因此，任何人想放弃他的天生自由并获取公民社会的纽带的唯一方式是同意其他人加入并联合组成一个共同体，为了他们舒适、安全和平和地生活、安全地享有他们的财产，以及更大的安全。”① 康德则认为，我们不能假定原始契约起源于所有个体的联合，因为不可能这样。“原始契约事实上仅仅是理性的观念，它仍然有确定无疑的实践现实性；因为它可以迫使立法家以这样一种方式设计他的法律，即它们可以通过整个国家的联合意志来产生……这是对每个公共法律的正直性的检验。因为如果法律是这样的使得全体人民不可能同意它（例如，如果它陈述某个主体阶级必定是有特权的统治阶级），它就是不公正的；但是如果至少可能一个人同意它，那么将法律视作公正的就是我们的义务，即使人们在当前处于这样一种立场或心灵态度即它可能拒绝同意它，如果它被商讨的话。”②

社会契约是自由主义的一个重要主题，而且关于社会契约有不同的观点。这些不同观点的区分表现为以下几个方面：一是现实的与非历史的协议（actual and non-historical agreements）之间的区分：前者可以在洛克那里找到，后者可以在康德那里找到；二是关于内容如何决定的区分；三是社会契约的内容是否关心人们可能做什么，或者不可能做什么，或者他们将做什么；四是社会契约的内容是否看成是识别何时一种政府形式是合法的，或者那个内容是否看成决定公民对于他们的政府所拥有的政治义务。社会契约的观点服务于两个目的：或者产生政治合法性的观念，或者给出公民的政治义务的解释。社会契约还有其他的区分和方面。例如，谁是契约的双方？是所有公民相互之间，还是拥有主权的所有公民？或者有两种或更多的契约：第一种是公民相互之间，然后是拥有主权的公民？按照霍布斯和洛克的观点，契约双

① 转引自 John Rawls, *Lectures on the History of Political Philosophy*, edited by Samuel Freeman, The Belknap Press of Harvard University Press, 2007, p. 14。

② 同上。

方是互相有契约的所有公民，主权根本不是一方。除此之外，不存在第二种契约。

三　亚里士多德对当代自由主义政治哲学的影响

（一）自由主义政治的问题

按照苏珊·科林斯（Susan Collins）的观点，当代自由政治理论最关键的是三个根本的自由原则：“个体的首要性（primacy）、契约国家的中立性以及权利的优先性和普遍性。”① 但是，当代自由主义的这三个原则似乎都遭受到批评。

首先，个体的首要性遭受批评。既然个体被其所处的共同体塑造，并且共同体是个体实现其目的的唯一语境，那么自由主义理论家们必须指出确切地在什么意义上个体享有对他们的共同体的“首要性”，或者说在什么意义上个体优先于共同体。

其次，自由国家的中立性也被质疑。尽管自由可以划分出无争议的正义领域，超出这个领域个体可以自由地选择他们自己的“善”，但是将权利与实质的善的问题隔离开来是非常困难的，因为无论在观念上还是在实践上，自由国家都涉及自由公民权的价值。

再次，自由理论面临的困境是，在缺乏政治善的解释的情况下提供个人权利的一种强有力的辩护。如果没有政治的“善”，自由正义就可能坍塌为对公民的任意偏好的一种无原则的、政治上有损害性的推动。

最后一个困境是，如科林斯所言，自由理论不能避免这个实证问题，即“什么使人的生活是值得过的并且是好的生活”②。科林斯暗示这个困难是由于自由主义拒绝强调“最高的人类善的问题”。从霍布斯和洛克到罗尔斯和诺齐克等社会契约理论家们希望将人类善的观点推进到私人领域，而在公共领域中只留下互相协调（co-ordination）的理性原则。但是，在当代自由主

---

① Susan D. Collins, *Aristotle and the Rediscovery of Citizenship*, Cambridge University Press, 2009, p. 6.

② Ibid., p. 36.

义政治理论的批评者们看来，自由主义“在一种理性和非目的论的框架中未能实现根本的道德承诺”①。批评者们认为，政治领域中纯粹程序的、理性的正义原则实际上体现了一种自由的、广泛的人类善。

（二）亚里士多德的政治哲学对当代自由主义政治的启示

实际上，亚里士多德的政治哲学影响了当代杰出的自由政治思想家约翰·罗尔斯。罗尔斯在《正义论》中同样表达了一种亚里士多德式的原则，也即一种完善主义的原则。按照亚里士多德的观点，一个人越充分地实现他的功能（即理性），他就越能达到幸福。罗尔斯同样赞成这一个原则：

> 但是，亚里士多德主义原则的伴随效果也影响到他人肯定我们的行为并从中得到快乐的程度。因为一方面，只有我们的努力得到了我们的伙伴的赞扬，我们才能保持这样的信念，即这些努力是值得的；另一方面，也只有我们的行为引起他们的尊敬或给他们以快乐时，他们才会称道我们的行为的价值。所以那些显示着复杂的和微妙的天资、表现着区别和精致的活动，既被个人自己又被他周围的人们肯定为价值。而且，一个人越体验到他的生活方式是值得去实现的，他就越加欢迎我们获得成就。一个对自己充满信心的人不会在赞扬他人的成就时嫉妒言辞。综上所述，人们自尊和互尊的那些条件似乎要求他们的共同计划合理而完备：它们要求人们运用其教养，在每一个人身上唤起一种主宰感，并且总体地汇成一种所有的人都会满意并引以为快乐的活动体系。②

亚里士多德的道德和政治哲学在某种意义上可以解决当代自

① Susan D. Collins, *Aristotle and the Rediscovery of Citizenship*, Cambridge University Press, 2009, p. 7.

② ［美］罗尔斯：《正义论》，何怀宏等译，中国社会科学出版社2009年版，第348页。

由主义政治哲学面临的困境，因为它没有从自由预设出发。不过，从表面上看，亚里士多德似乎否认当代自由主义的三个根本自由原则。对亚里士多德来说，共同体（作为动力因和目的因）优先于个体，并将个体的目的塑造为"政治动物"，使得个体脱离了城邦就不会好于"野兽"。法律的最高目的不是保证善的中立性，而是教育公民有德性。这意味着为了达到公正，国家必须有关于最高的人类善的合理观点，而自由主义理论则声称这与正义无关。因此，亚里士多德的政治理论与当代自由主义政治理论似乎有着明显相反的理论承诺，而这同时也彰显出当代自由主义理论的一个弱点。在现实的公民生活中，个体过分地关心自身的权利和自由，而对共同体（国家）以及他人的权利及自由缺少一种切身关心的敏感性。当代人常常把自己个人自由和权利（个人的善）的侵犯看得至关重要，而对他人权利和自由的侵犯漠不关心。个人的自由和权利与他人的自由和权利是同等的，在某些情况下，对他人自由和权利的侵犯更是对自由原则的破坏。这也如同亚里士多德所言，个体的善的实现离不开共同体，同样也伴随他人的善的实现。亚里士多德并没有区分自我论（egoism）与利他主义（altruism）。因此，对自由主义理论进行一种亚里士多德式的修正，在某种意义上有助于缓解当代自由主义政治理论的困境。

第二节　亚里士多德与当代共同体主义政治哲学

一　当代共同体主义的理论观点

共同体主义，又称社群主义，是当代英美世界兴起的重要政治哲学流派。共同体主义实际上可以看作是批评自由主义政治理论观点所形成的一种"后自由主义"思潮。"社群主义（共同体主义）是以批判自由主义作为申述自己政治哲学见解为前提的。社群主义的政治哲学家们并没有组成一个集中统一的、具有单一价值核心支撑的哲学流派，他们各自关心的重点问题是不同的。但是，在批判所谓自由主义的原子式个人主义，并阐述一种从家庭到社区再到国家的社群价值方面，他们达成了高度的一致性。”[①] 因此，可以说，共同体主义始终没有形成一种融贯的哲学立场，也没有一位典型的理论家可以作为这种立场的代表人物。

查尔斯·泰勒也许算得上是这样一个代表人物的候选者，但是，泰勒认为自由主义与共同体主义的争论，在关于社会理论的本体论问题和道德问题方面互相误解。[②] 泰勒的共同体主义要归因于他的天主教义，而共同体主义的哲学来源仍然要追溯到德国的浪漫主义以及德国哲学家海德格尔和黑格尔。泰勒对自由主义与共同体主义的争论的判断代表一种黑格尔式的渴望，也即试图将自我意识的个体与特殊政治共同体之间具有普遍性的社会和政治调和进行理论化。[③] 所以，泰勒把他自己定位在自由主义与共同体主义的立场之间。泰勒和许多人在共同体的特殊主义（particularism）与自由主义的个体化普遍主义（individualist universalism）之间寻求一种妥协，而麦金泰尔则拒斥两者。麦金泰尔提出的共同体主义坚持国家本身应当构成某种程度的共同体，他同样把共同体主义的最深层次的哲学根源追溯至德国哲学。称得上共同体主义者的最近的德国哲学家是汉斯·伽达默尔，伽达默尔在表达他的实践哲学时，提到海德格尔、黑格尔和浪漫主义与提到亚里士多德一样多。按照伽达默尔的解释，亚里士多德敏锐地将实践哲学与形而上学和科学理论所关心的东西区分开来，并且将实践哲学与对生产过程的平凡、必要的技术关心区分开来。伽达默尔对亚里士多德的这种理解应归功于海德格尔。海德格尔摧毁了对人类事务的理论反思传统，主张应该复兴一种亚里士多德式

① 任剑涛：《政治哲学讲演录》，广西师范大学出版社2008年版，第216页。

② Taylor, C, “Cross-Purposes: The Liberal-Communitarian Debate, in N. L. Rosenblum edit”, *Liberalism and the Moral Life*, Cambridge University Press, 1989, pp. 159-182.

③ Kelvin Knight, “Aristotelianism versus Communitarianism”, *Analyse & Kritik*, Vol. 27, 2005, pp. 259-273.

的实践哲学，这种实践哲学没有假装是启蒙运动的唯心论者和实证主义继承者所声称的那种普遍有效的人类知识。实践哲学不是开始于任何这样的理论抽象（像罗尔斯所假定的），而是开始于某种文化和语言共同体的具体特殊性和传统。对于伽达默尔来说，这样一种公共的传统构成了一种概念模式和共享的理解，它可以提供伦理和政治共识的唯一真实基础。[①]

按照当代共同体主义代表人物——麦金泰尔、泰勒、迈克·桑德尔（M. Sandel）、迈克尔·沃尔泽（M. Walzer）等人的解释，共同体主义是指这样一种观点：共同体先于个体，我们应该通过共同体来讨论个体。在共同体主义者看来，自由主义和个人主义导致道德上不令人满意的结果，由于人不能达到真正的共同体，所以国家在确保个人获得好的生活过程中应当发挥更强的作用。进而言之，共同体在塑造其公民的道德生活中也应发挥更强的作用。按照共同体主义的观点，个体是由它们所属的共同体创造的，也即每个人都被他们生活于其中的社会所塑造，没有人能够免于他所属的共同体的影响。此外，个人依赖他的共同体获得道德、自我同一性以及自我价值。在《追寻美德》中，麦金泰尔引用亚里士多德的伦理学和政治学来反对自由个体主义并支持一种共同体主义的政治学。麦金泰尔注意到，“一个共同体的共享目的是人的善的实现”构成亚里士多德的城邦[②]，“政治共同体作为一个共同目标的观念对于现代自由的个体主义世界是陌生的。我们没有这样一种形式的共同体概念，正如亚里士多德所言，就城邦来说，关于生活的整体，不是关于这种或那种善，而是关于人类的善”[③]。泰勒也在他的重要著作《原子论》（*Atomism*）中讨论了亚里士多德的观点。泰勒说道，“人是社会动物，真正地是政治动物，因为他单独来说不是自给自足的，并且在重要意义上

---

① Kelvin Knight, “Aristotelianism versus Communitarianism”, *Analyse & Kritik*, Vol. 27, 2005, pp. 259-273.

② MacIntyre, A, *After Virtue*, Notre Dame University Press, 1984, 155.

③ Ibid., p. 156.

脱离了城邦也不是自给自足的”①。泰勒反对人单独是自给自足的这个观点，而原子论或共同体主义则论证了泰勒的这个观点。

二　亚里士多德对当代共同体主义的影响

当代共同体主义的许多理论观点都可以在亚里士多德那里找到来源。亚里士多德对当代共同体主义的影响至少表现在以下几个方面：

首先，“共同体”这个观念本身可以追溯到亚里士多德的“城邦”概念。在亚里士多德那里，城邦可以看作为了追求最高善而建立的一种共同体。这种共同体由平等、相似的成员组成，这些成员之间互不隶属，各自独立生活。维系共同体的要素有两个：友爱和正义。因此，“当代共同体主义者（或社群主义者）的共同体概念（或社群概念）基本上导源于亚里士多德”②。共同体主义者把共同体看作是“一个拥有某种共同的价值、规范和目标的实体，其中每个成员都把共同的目标当作自己的目标”③。因此，共同体是一个整体，个人都是这个整体当中的成员，共同体的主要标志就是人们的出身、地位、习惯和认同。共同体也必须“建立在成员的共同利益之上，其主要特征是共同善或共同利益。实际上，共同体主义者（即社群主义者）心目中的共同体（即社群）就是亚里士多德所说的，为了达到最大和最高的善而组成的人类团体或人类关系，即政治共同体（政治社群）”④。

其次，亚里士多德关于个人与共同体关系的看法也影响当代共同体主义。在亚里士多德时代，个人与城邦是紧密联系在一起的，因为个人的善与共同体的善是一致的。亚里士多德认为人类本性上是政治动物，而且他在《动物志》中将“政治动物”定义

① Taylor, C, Atomism, in Avineri and de-Shalit eds, *Communitarianism and Individualismm*, Oxford University Press, 1992.

② 李先桃：《亚里士多德：社群主义理论的源头——论亚里士多德哲学对社群主义的影响》，《湖南师范大学社会科学学报》2008 年第 2 期，第 30 页。

③ 同上。

④ 同上书，第 30—31 页。

为“拥有某个共同对象作为功能的动物”。政治动物总是朝向某个共同目标，人只有在与他人的共同体中才能获得最好的生活，而城邦在塑造其居民的性格过程中也发挥很强的作用。亚里士多德还认为个人不能在城邦之外实现他的潜能，个体需要生活在城邦当中才能繁衍下去。此外，亚里士多德还主张善优先于权利，个体应该积极地参与政府。在《尼各马可伦理学》中，亚里士多德同样认为获得和保持城邦的善更为重要。在个人与共同体关系的问题上，当代共同体主义者大多受到亚里士多德的启发。例如，麦金泰尔认为，“对个人的界定必须以社会为基础，个人权利和利益也必须以社会利益的实现为保证，从这个意义上讲，个人与社会是统一的。只有承认此种统一，客观的道德原则才具有成立的基础，个体间的道德分歧才能够得以整合，道德本身才能真正摆脱工具化的境遇而成为目的性的存在”①。麦金泰尔由此主张重建共同体，实现向德性本身的复归。个体应该在不同领域追求人与人、人与社会所形成的整体的“善”，也即追求共同体的进步和发展。个体享有的权利也是以一定社会规则为前提，公民权利的实现必须以一定的社会条件为基础。泰勒也强调共同体的善重于个体。“作为一个个体，他以大量方式依赖于他的社会。如果社会是冥顽不化的，那么人就无法实现善。”② 桑德尔也认为，“任何个人都不能离开一定的社会共同体而存在，个人的认同和属性正是由他的身处其中的社会所规定的，是社会的产物。对于他们来说，共同体描述的是什么，不只是他们作为公民拥有什么，而且还有他们是什么，不是他们所选择的一种关系（如同在一个志愿组织中），而是他所发现的依赖；不只是一种属性，而且还是他们身份的构成”③。

再次，亚里士多德关于德性的观念也影响着当代共同体主义

① 转引自李先桃《亚里士多德：社群主义理论的源头——论亚里士多德哲学对社群主义的影响》，《湖南师范大学社会科学学报》2008 年第 2 期，第 31 页。

② 同上。

③ 同上。

者。按照亚里士多德的观点，德性是使某东西变得优越，并赋予其优秀的功能。同样，人若具有德性就可获得优秀的品质。亚里士多德还将德性分为理智德性和伦理德性，理智德性是“运用理性的优秀”，而伦理德性则是“服从理性的优秀”。因此，善作为一种德性对于共同体中的所有成员是共同的，一个人追求的善不可能与其他人的善相冲突，善不是一种私人利益，不属于某一个人，而是属于所有人。亚里士多德的这种德性观为当代共同体主义者所持有。例如，麦金泰尔就说道：“我的德性论是亚里士多德主义的。”[①] 在麦金泰尔看来，德性是一种获得性的人类品质，这种德性的拥有和践行，使我们能够获得实践的内在利益，缺乏这种德性，就无从获得这些利益。在实践德性方面，麦金泰尔与亚里士多德也是一致的，他们都主张德性要在实践中才能获得。亚里士多德认为最高的善是最完满的德性实践活动，幸福也是合乎德性的活动，而合乎德性的实践活动必然是快乐的。换言之，德性需要在实践中得以体现。麦金泰尔也提出德性依托于实践活动、德性充满着个人生活的整体、德性维系着历史传统。在麦金泰尔看来，“实践必须涉及到与他人合作的社会性活动，这样就把德性的个人实践领域扩大到整个社会的协作交往领域，从而赋予德性的践行以更丰富的社会内涵”[②]。麦金泰尔在批判现代道德观念时主张回到古希腊的道德观念。在古希腊和中世纪的时候，德性与人类生活的实践紧密相关，后者的多样性决定前者的多样性。在现代道德哲学失败之后，麦金泰尔主张回到亚里士多德。

最后，亚里士多德的“正义”思想也影响了当代共同体主义者。亚里士多德强调正义是一种美德，是个体所具有的各种道德品性中最高的品质。但是，正义这种美德也需要依赖于城邦，人如果脱离了城邦，就无法实现这些道德品性，诸如勇敢、节制、正义等实际上都包含在城邦的公共生活当中。所以，正义的产生

---

① 转引自李先桃《亚里士多德：社群主义理论的源头——论亚里士多德哲学对社群主义的影响》，《湖南师范大学社会科学学报》2008 年第 2 期，第 31 页。

② 同上书，第 32 页。

是与城邦的政治活动相联系的，离开了城邦的活动，人的所有德性都丧失了存在的前提。麦金泰尔也继承了亚里士多德的美德传统。在麦金泰尔看来，正义最重要的是指一种德性，并且只有正义的人才能知道如何运用法律。麦金泰尔像亚里士多德一样将正义置于德性的核心地位。不过，正义的观念也离不开共同体，它需要在共同体当中界定和实践，它需要被共同体的成员当作一种善来认可和追寻。在现代社会中，人们同样是通过共同体的模式来追求和实现共同的善的观念，在共同体当中人们定义何为正义、何为不正义。

第三节 亚里士多德与当代马克思主义政治哲学

在当代政治哲学诸流派中，除了自由主义、保守主义、共和主义和共同体主义（或社群主义）之外，马克思主义是另一非常重要的政治哲学流派。它可以说是仅次于自由主义，对人类政治生活产生最重要和最广泛影响的思潮。特别是在当前中国以马克思主义为主导意识形态的情境中，探讨马克思主义政治哲学的定位和作用是十分必要和有意义的事业。

一 当代马克思主义政治哲学的发展

人们一般都很熟悉，马克思主义有三个思想来源：英国古典政治经济学、法国空想社会主义和德国古典哲学①，欧洲资本主义的发展及其潜藏的社会矛盾则为马克思主义的发展提供了社会来源。马克思从对资本主义最基本的商品交换和生产关系的分析与批判出发，最终揭示出人类社会发展的根本规律，这个规律预示着资本主义社会必然向共产主义社会过渡。

马克思将资本主义视作一种社会制度，这种社会制度的特征

① 任剑涛：《政治哲学讲演录》，广西师范大学出版社2008年版，第198页。

就是阶级的分化和对立。因此，马克思所研究的社会可以称作“阶级社会”，在阶级社会中，人们根据他们在社会体系中所处的地位来划分阶级。在资本主义社会制度中，资产者（资产阶级）和工人（无产阶级）是两个明显排斥和对立的阶级，前者控制着所有的生产工具以及所有的自然资源，后者其实是贡献剩余劳动力的无偿阶级。在马克思看来，资本主义像奴隶制和封建社会一样，是一种压迫和剥削的制度。[①] 马克思创立的劳动价值论从根本上批判了这一社会制度。马克思的正义观与他在劳动价值论中提出的剥削观念有关。剥削概念预设权利和正义的观念。马克思认为，资本主义是一个不公正的社会，而他的理想是建立一个所有自由人的联合体，一个没有异化、没有剥削的共产主义社会。马克思主义与自由主义的不同之处在于阶级斗争和革命。在西方经典社会理论家看来，马克思主义被划归为冲突学派，因为马克思主义政治哲学一再强调社会的冲突问题。

马克思主义在西方的发展产生了另一种形态，这就是以法兰克福学派为代表的“西方马克思主义”或“新马克思主义”思潮。“西方马克思主义”是指“第二国际以后，伯恩施坦他们开始修正原始阶段马克思主义的一些基本理念而形成的流派。他们认为马克思、恩格斯理想的社会主义社会，实际上不一定要通过单纯的社会政治革命才能实现。他们认为，通过议会斗争完全可以进入社会主义社会”[②]。新马克思主义的代表人物有卢卡奇、葛兰西和科尔施等人。

除了西方左翼学者重建的马克思主义政治哲学之外，当代中国马克思主义政治哲学的研究也是不得不引起我们关注的事情。按照某些学者的观点，马克思哲学就是政治哲学[③]，实际上马克思主义的政治哲学在西方也是不争的事实。马克思的政治哲学主

① John Rawls, *Lectures on the History of Political Philosophy*, edited by Samuel Freeman, The Belknap Press of Harvard University Press, 2007, p. 324.

② 任剑涛：《政治哲学讲演录》，广西师范大学出版社 2008 年版，第 201 页。

③ 郁建兴：《马克思的政治哲学遗产》，《中国社会科学》2006 年第 6 期，第 19 页。

要源自于他对黑格尔政治哲学的批判，马克思从这种批判中不仅得出“‘不是国家和法决定市民社会，而是市民社会决定国家和法’的结论，而且在对市民社会进行初步研究的基础上，看到了政治革命、政治解放的限度，从中提出了进行不停顿的革命、实现人类解放的目标，并找到了无产阶级作为克服市民社会中人的自我异化状态，即完成人类解放的担当者”[①]。基于此，马克思已经初步提出他的历史唯物主义和共产主义学说。“马克思以‘人类社会’作为新唯物主义的立脚点，表明他明确以实现人类解放为他的历史唯物主义和共产主义学说的共同主题。而这正是他通过黑格尔政治哲学批判所确立的。”[②] 罗尔斯曾经把马克思的共产主义社会看作一个超越正义的社会，但其实马克思的政治哲学带有很大的理想色彩，因为它不是在现存政治秩序内寻求社会正义，而是通过对黑格尔国家理想主义的批判，从而认为国家必须被消灭，人类的解放要以推翻现存社会为前提。[③] 这一理想社会也即“自由人的联合体”。因此，马克思政治哲学的这种理想性也是一种对现实的超越性，但它没有否定自由、民主和平等。马克思正是批评资本主义社会中所宣扬的自由、民主和平等实质上是狭隘的、有限的、庸俗的和虚伪的，进而寄希望创立无产阶级专政下的真正自由、民主和平等。因此，马克思“关于自由主义民主、无产阶级专政的论述，关于人类解放理想的论证，以及对向这一理想社会过渡的条件和经济、政治形式等等所作出的阐述，都是其政治哲学具有深厚内在性的表现”[④]。

二　当代中国马克思主义政治哲学的现状与问题

由于马克思政治哲学长期被当作“阶级斗争、无产阶级革命和无产阶级专政的理论”，它仍然遗留下资本主义社会向共产主

① 郁建兴：《马克思的政治哲学遗产》，《中国社会科学》2006 年第 6 期，第 19 页。
② 同上书，第 19—20 页。
③ 同上书，第 21 页。
④ 同上。

义社会过渡的国家形式问题。这些问题具体表现在：第一，由于马克思关于许多政治问题的论述、著作的不太系统和分散性，所以马克思没有形成一种现成的政治哲学；第二，马克思虽然对理想社会的实现条件和途径做了深刻论述，但是他的政治哲学还是“难免产生一种忽视政治形式、政治制度以及与之相关问题的倾向，因而它是未完成的”[①]。因此，既然马克思政治哲学不是现成的，所以建构一种当代马克思主义政治哲学的可能性“首先在于认真研读马克思主义政治著作，并且按照马克思主义的方式使之系统化、理论化”[②]。这其中不仅包括马克思主义经典作家的著作，也包括后来的西方马克思主义和新马克思主义、后马克思主义著作家的著作。马克思政治哲学的未完成性则要求我们不仅要从这些庞大的著作体系中梳理出马克思主义的政治论述，而且要特别重视尚未解决的现实问题以及由于时代发展所要求的变化和修正。

当代中国马克思主义政治哲学兴起于世纪之交，逐渐“从主要致力于理想社会的经典马克思主义理想性政治哲学到主要依据现实生活的现实性政治哲学转变”[③]。这种转变涉及三个层面：一是“关于政治哲学一般问题的研究，主要是关于政治哲学的学科定位问题和政治哲学在当代中国兴起原因的阐释”；二是“关于中国社会政治结构之发展趋向的研究，如关于市民社会、公共领域等问题的研究”；三是“基于中国经验对于政治哲学中重要问题的研究，如关于公平与效率关系问题的研究，关于政治哲学中理想性维度与现实性维度的关系问题的研究等”。[④]

在当代中国马克思主义政治哲学的研究中，政治哲学一般被定义为对政治生活的反思，而政治生活又包含价值性和事实性两

① 郁建兴：《马克思的政治哲学遗产》，《中国社会科学》2006年第6期，第22页。

② 同上。

③ 王南湜、王新生：《从理想性到现实性——当代中国马克思主义政治哲学建构之路》，《中国社会科学》2007年第1期，第43页。

④ 同上书，第48页。

个维度。于是，“价值性与事实性关系就构成政治哲学的基本问题”①。根据这种价值性与事实性，政治哲学又被区分为理想性的政治哲学与现实性的政治哲学。具体来说，“使事实性服从于价值性，即价值完全理想地实现，此为理想性统一”；“事实性与价值性互相妥协而达成某种一致，即价值在事实性所允许的范围内有限地实现，此为现实性统一”，由理想性和现实性的这两种不同统一方式建立的政治哲学，就是前述所言的理想性政治哲学和现实性政治哲学。早期马克思的政治哲学便属于这种理想性的政治哲学，因为马克思在资本主义社会与共产主义社会之间预定了一个过渡时期，这个过渡时期需要无产阶级的专政。当资产阶级逐渐被消灭、生产力得到极大发展并且阶级差别已经消失时，无产阶级的统治也就再无必要。所以，无产阶级专政的过渡时期只是短暂的，并非一个稳定的社会发展阶段，而是为共产主义的理想社会（自由人的联合体）服务的。

历史发展的现实表明，马克思的理想性政治理论与历史现实存在很大差别，社会主义革命并没有发生在生产力高度发达的资本主义国家，反而出现在生产力较为落后的东方国家，尤其是社会形态完全不相符。这个过渡时期常常被历史地混淆等同为共产主义社会的第一阶段（或社会主义初级阶段），原本理论上很短暂的过渡时期被发现要经历非常漫长的时间才能达到共产主义。然而，共产主义社会的第一阶段或者说社会主义是有着自己特点的、经济和政治结构独立稳定的社会发展阶段。因此，马克思关于过渡时期的论述仍然从属于理想社会，他关于现实生活的论述也是从属于理想社会的论述，这进而导致他的政治哲学仍然是理想性的政治哲学，而非现实性的政治哲学。② 现实实践的发展需要马克思主义政治哲学从理想性朝现实性转变。然而，当代中国现实性马克思主义政治哲学的发展，起初没有以政治哲学命名，

① 王南湜、王新生：《从理想性到现实性——当代中国马克思主义政治哲学建构之路》，《中国社会科学》2007年第1期，第43页。

② 同上书，第46页。

而是借助于其他各种方式。[①] 直到现在，关于政治哲学的性质和内容，以及当代马克思主义政治哲学的合法性定义及研究内容等仍处在争论当中。

三　亚里士多德对建构当代中国马克思主义政治哲学的启示

由于当代中国马克思主义政治哲学的研究起步较晚，而且由于各种原因还未形成一种独立、成熟的研究进路，所以借鉴亚里士多德的政治哲学思想对建构当代中国马克思主义政治哲学具有重要意义。

首先，当代中国马克思主义政治哲学的研究应注重经验和实践的路径。亚里士多德的政治哲学所倡导的实践进路和经验研究方法仍然值得我们今天借鉴和循用。根据亚里士多德的观点，政治学除了关注一般的理想之外，更应注重现实问题，因为政治理论的最终目的仍然要为现实的政治生活提供指导。同样，当代中国对马克思主义政治哲学的研究不能过度沉溺于马克思主义经典作家关于某些概念、范畴或教条的论述之中，而应关注切实的现实问题，从现实问题的解决中提取灵感。当代中国的政治现实复杂多变，任何轻微的变化都可能真切影响到普通民众的生活，因此，我们在用心钻研马克思主义经典政治学说之外，不要墨守成规、故步自封，而应多为现实政治问题提供可行性建议和好的策略。事实上，马克思本人的政治哲学并没有脱离这种现实性。

其次，当代中国马克思主义政治哲学的研究也不能脱离人性基础。亚里士多德政治哲学很重要的一个特征是他对人性的考量，特别是他关于“人天生是政治动物”的断言。马克思实际上在某种程度上也赞成这种观点，因为马克思也断言，人是社会关系的总和。而且，在马克思的哲学思想中，人还有一个重要特征，那就是他的阶级属性。基于对人性的考量，亚里士多德虽然主张人

---

① 王南湜、王新生：《从理想性到现实性——当代中国马克思主义政治哲学建构之路》，《中国社会科学》2007年第1期，第47页。

不能脱离国家，这在某种意义上显示国家比个人更为重要，但是在更深层次的意义上，国家的重要性源于它对个人发展的重要性，因为归根结底国家是为了个人的优良生活服务的。马克思虽然也强调阶级国家，但他的最终目的仍然是要消灭阶级和国家，达到自由人的联合体，进而每个人都能够获得全面、自由的发展。因此，在当代中国马克思主义政治哲学研究中，我们应该时刻关注当下人的生活境况。

最后，当代中国马克思主义政治哲学的研究必须很好地处理个人与国家的关系问题。亚里士多德曾强调过城邦国家之于个人的优先性，却经常被误解为导致一种极权主义的政治观。同样，在当代以马克思主义为指导的社会主义国家，正确地处理国家（集体）与个人的关系也显得非常迫切和重要。过分强调国家的重要性会导致极权主义的嫌疑，过分重视个人的自由则会导致无政府主义的混乱。在无产阶级专政的社会主义国家历史发展过程中，国家和集体的利益常常凌驾于个人利益之上，甚至在某些情形下个人必须牺牲自己的利益（包括权利和自由）来保全国家和集体的利益，这在实践中曾造成许多的误解和误判，因此，对两者关系给出一个恰当的说明是一个十分必要的议题。在这个方面，亚里士多德的政治观点也许可以为我们提供借鉴。

参考文献

一　中文文献

［1］包利民：《生命与逻各斯——希腊伦理思想史论》，东方出版社 1996 年版。

［2］包利民：《在现实和理想之间思考政治的恶——亚里士多德制度伦理哲学一论》，《浙江社会科学》2001 年第 2 期。

［3］蔡英文：《政治实践与公共空间》，新星出版社 2006 年版。

［4］曹志刚：《实践中的国家与社会的关系——读乔尔·S. 米格代尔的〈强社会与弱国家〉》，《国外社会科学》2012 年第 1 期。

［5］陈晏清：《政治哲学的兴起与当代中国马克思主义政治哲学的建构》，《中国社会科学》2006 年第 6 期。

［6］成官泯：《现代西方政治哲学是什么?》，《现代哲学》2008 年第 3 期。

［7］［德］伽达默尔：《哲学解释学》，夏镇平、宋建平译，上海译文出版社 1994 年版。

［8］［德］伽达默尔：《真理与方法》，洪汉鼎译，上海译文出版社 1999 年版。

［9］［德］马克思：《1844 年经济学—哲学手稿》，人民出版社 1979 年版。

［10］［德］马克思：《资本论》（第一卷），郭大力、王亚南译，人民出版社 1953 年版。

[11] 钭利珍：《闲暇的政治意蕴——基于亚里士多德〈政治学〉的分析》，《西安电子科技大学学报》（社会科学版）2007年第1期。

[12] [法] 卢梭：《社会契约论》，何兆武译，商务印书馆1964年版。

[13] [古罗马] 西塞罗：《国家篇·法律篇》，沈叔平、苏力译，商务印书馆1999年版。

[14] [古希腊] 柏拉图：《法律篇》，张智仁、何勤华译，上海人民出版社2001年版。

[15] [古希腊] 柏拉图：《理想国》，郭斌和、张竹明译，商务印书馆1986年版。

[16] [古希腊] 柏拉图：《政治家》，洪涛译，上海世纪出版集团2006年版。

[17] [古希腊] 色诺芬：《回忆苏格拉底》，吴永泉译，商务印书馆1984年版。

[18] [古希腊] 色诺芬：《经济论·雅典的收入》，张伯健、陆大年译，商务印书馆1981年版。

[19] [古希腊] 亚里士多德：《动物志》，吴寿彭译，商务印书馆1972年版。

[20] [古希腊] 亚里士多德：《范畴篇 解释篇》，方书春译，商务印书馆1986年版。

[21] [古希腊] 亚里士多德：《工具论》，李匡武泽，广东人民出版社1984年版。

[22] [古希腊] 亚里士多德：《灵魂论及其他》，吴寿彭译，商务印书馆1999年版。

[23] [古希腊] 亚里士多德：《尼各马可伦理学》，廖申白译注，商务印书馆2011年版。

[24] [古希腊] 亚里士多德：《天象论 宇宙论》，吴寿彭译，商务印书馆1999年版。

[25] [古希腊] 亚里士多德：《物理学》，张竹明译，商务

印书馆 1982 年版。

［26］［古希腊］亚里士多德：《形而上学》，吴寿彭译，商务印书馆 1995 年版。

［27］［古希腊］亚里士多德：《雅典政治》，日知、力野译，商务印书馆 1959 年版。

［28］［古希腊］亚里士多德：《亚里士多德全集》，苗力田主编，中国人民大学出版社 1990 年版。

［29］［古希腊］亚里士多德：《政治学》，吴寿彭译，商务印书馆 1965 年版。

［30］韩升：《生活在政治之中——亚里士多德对政治本真含义的揭示》，《青岛大学师范学院学报》2007 年第 4 期。

［31］洪涛：《逻各斯与空间——古代希腊政治哲学研究》，上海人民出版社 1998 年版。

［32］黄旭：《亚里士多德〈政治学〉的政体思想分析》，硕士学位论文，西南政法大学，2011 年。

［33］蒋慧：《正义还是虔敬？——〈游叙弗伦〉篇中政治哲学与政治神学的分歧》，《长安大学学报》（社会科学版）2011 年第 4 期。

［34］孔令新：《哲人与城邦的冲突及出路：柏拉图政治哲学新探》，硕士学位论文，山东师范大学，2009 年。

［35］李先桃：《亚里士多德：社群主义理论的源头——论亚里士多德哲学对社群主义的影响》，《湖南师范大学社会科学学报》2008 年第 2 期。

［36］李小兵：《当代政治哲学主流》，中共中央党校出版社 2001 年版。

［37］李晓哲、岳滢、洪涛：《亚里士多德正义观述评》，《哈尔滨学院学报》2005 年第 1 期。

［38］廖申白：《亚里士多德友爱论研究》，河南人民出版社 2000 年版。

［39］马云志：《政治哲学之思：内涵、学科属性与主题》，

《齐鲁学刊》2006 年第 2 期。

[40] [美] A. 麦金太尔：《追寻美德》，宋继杰译，译林出版社 2003 年版。

[41] [美] 汉娜·阿伦特：《共和危机》，蔡佩君译，台北时报文化出版社 1996 年版。

[42] [美] 汉娜·阿伦特：《极权主义的起源》，林骧华译，台北时报文化出版社 1995 年版。

[43] [美] 汉娜·阿伦特：《人的条件》，竺乾威等译，上海人民出版社 1999 年版。

[44] [美] 列奥·施特劳斯：《关于马基雅维利的思考》，彭刚译，译林出版社 2003 年版。

[45] [美] 列奥·施特劳斯：《霍布斯的政治哲学》，申彤译，译林出版社 2001 年版。

[46] [美] 列奥·施特劳斯：《自然权利与历史》，彭刚译，生活·读书·新知三联书店 2003 年版。

[47] [美] 罗尔斯：《正义论》，何怀宏、何包钢、廖申白译，中国社会科学出版社 2009 年版。

[48] 苗力田：《古希腊哲学》，中国人民大学出版社 1989 年版。

[49] 彭斌：《当代西方共和主义政治哲学发展评析》，《南京社会科学》2012 年第 1 期。

[50] 任剑涛：《政治哲学的问题架构与思想资源》，《江海学刊》2003 年第 2 期。

[51] 任剑涛：《政治哲学讲演录》，广西师范大学出版社 2008 年版。

[52] 任中平、唐环：《论政治哲学的学科性质和体系结构》，《西华师范大学学报》（哲学社会科学版）2005 年第 6 期。

[53] 申建林：《政治哲学对话》，《武汉大学学报》（人文社会科学版）2000 年第 6 期。

[54] 汪家耀：《浅析亚里士多德的正义观》，《安徽文学》

2008 年第 4 期。

［55］汪业周、韩蒲庚：《范式问题与问题范式："中国问题"对于当代中国政治哲学研究的意义》，《学术月刊》2008 年第 11 期。

［56］汪子嵩、王太庆编：《陈康：论希腊哲学》，商务印书馆 2011 年版。

［57］汪子嵩：《亚里士多德·理性·自由》，河北大学出版社 2003 年版。

［58］王路：《亚里士多德的逻辑学说》，中国社会科学出版社 1991 年版。

［59］王南湜、王新生：《从理想性到现实性——当代中国马克思主义政治哲学建构之路》，《中国社会科学》2007 年第 1 期。

［60］王帅：《古希腊的政治哲学》，《合作经济与科技》2009 年第 1 期。

［61］王新生：《唯物史观与政治哲学》，《哲学研究》2007 年第 8 期。

［62］王岩：《柏拉图、亚里士多德政治哲学比较研究》，《政治学研究》2001 年第 4 期。

［63］王岩：《政治哲学论纲》，《哲学研究》2006 年第 1 期。

［64］吴翰：《理性与传统视域中的政治哲学——以亚里士多德、伯克、密尔、哈耶克为例》，《学术研究》2006 年第 7 期。

［65］吴寿彭：《西洋政治思想史》，中国文化服务社 1947 年版。

［66］熊文驰：《城邦共和政治与德性行动——亚里士多德政治哲学研究》，博士学位论文，复旦大学，2006 年。

［67］严群：《亚里士多德之伦理思想》，商务印书馆 1933 年版。

［68］杨向兰：《亚里士多德与霍布斯政治思想的人性论基础比较》，硕士学位论文，湘潭大学，2011 年。

［69］杨泽章：《政治与自由——托克维尔政治哲学研究述

评》,《河海大学学报》(哲学社会科学版)2011 年第 4 期。

[70] 姚大志:《从〈正义论〉到〈政治自由主义〉——罗尔斯的后期政治哲学》,《中国人民大学学报》2010 年第 1 期。

[71] 姚大志:《自由主义和社群主义——罗蒂政治哲学批评之一》,《厦门大学学报》(哲学社会科学版)2006 年第 6 期。

[72] 衣俊卿:《论微观政治哲学的研究范式》,《中国社会科学》2006 年第 6 期。

[73] [意] 托马斯·阿奎那:《亚里士多德形上学注》,孙振青译,台北明文书局股份有限公司 1991 年版。

[74] [英] A. E. 泰勒:《柏拉图:生平及其著作》,谢随知等译,山东人民出版社 1991 年版。

[75] [英] A. E. 泰勒:《亚里士多德》,刘衡如译,中华书局 1929 年版。

[76] [英] E. 巴克:《希腊政治理论:柏拉图及其前人》,卢萍华译,吉林人民出版社 2003 年版。

[77] [英] 波普:《开放社会及其敌人》,杜汝楫、戴雅民译,山西高校联合出版社 1992 年版。

[78] [英] 伯内斯:《亚里士多德》,余继元译,中国社会科学出版社 1989 年版。

[79] [英] 霍布斯:《利维坦》,黎思复、黎廷弼译,商务印书馆 1985 年版。

[80] [英] 霍布斯:《论公民》,应星、冯克利译,贵州人民出版社 2003 年版。

[81] [英] 杰弗里·托马斯:《政治哲学导论》,顾肃、刘雪梅译,中国人民大学出版社 2006 年版。

[82] [英] 昆汀·斯金纳:《近代政治思想的基础》,奚瑞森等译,商务印书馆 2002 年版。

[83] [英] 昆汀·斯金纳:《自由主义之前的自由》,李宏图译,上海三联书店 2003 年版。

[84] [英] 洛克:《政府论》,叶启芳、瞿菊农译,商务印书

馆 1964 年版。

［85］余友辉：《从修辞学角度看亚里士多德政治哲学的理想与现实》，《南昌大学学报》（人文社会科学版）2012 年第 3 期。

［86］郁建兴：《马克思的政治哲学遗产》，《中国社会科学》2006 年第 6 期。

［87］曾裕华：《哲学与政治：对柏拉图政治哲学的解释》，《厦门大学学报》（哲学社会科学版）2005 年第 4 期。

［88］张广生、田琳琳：《文化、文明与自然——伊壁鸠鲁主义的政治哲学》，《自然辩证法研究》2010 年第 10 期。

［89］张桂琳：《西方政治哲学——从古希腊到当代》，中国政法大学出版社 1999 年版。

［90］张少宁、莫秀风：《亚里士多德政治哲学的当代诠释》，《甘肃农业》2005 年第 12 期。

［91］张伟、王巍：《试论古希腊罗马的自由政治哲学》，《华侨大学学报》（哲学社会科学版）2003 年第 2 期。

［92］仲长城：《从自然人性到“政治动物”——解读亚里士多德“人是天生的政治动物”》，《四川大学学报》（哲学社会科学版）2009 年第 4 期。

［93］朱前星：《政治哲学视域中的公民美德》，《伦理学研究》2009 年第 5 期。

二　外文文献

［1］A. E. Wardman and J. L. Creed, *The Philosophy of Aristotle*, New American Library, 1633.

［2］Aristide Tessitore, “Aristotle’s Ambiguous Account of the Best Life”, *Polity*, Vol. 25, No. 2, 1992.

［3］Aristide Tessitore, “Making the City Safe for Philosophy: Nicomachean Ethics, Book 10”, *The American Political Science Review*, Vol. 84, No. 4, 1990.

［4］A. W. Price, “Aristotle’s Ethical Holism”, *Mind*, Vol. 89,

No. 355, 1980.

[5] Bernard Yack, "Community and Conflict in Aristotle's Political Philosophy", *The Review of Politics*, Vol. 47, No. 1, 1985.

[6] Carnes Lord, "Politics and Philosophy in Aristotle's 'Politics' ", *Hermes*, Vol. 106, 1978.

[7] Christopher V. Mirus, "Aristotle's 'Agathon' ", *The Review of Metaphysics*, Vol. 57, No. 3, 2004.

[8] Colin Bird, *An Introduction to Political Philosophy*, Cambridge University Press, 2006.

[9] C. Rapp, "Was Aristotle a Communitarian?", *Graduate Faculty Philosophy Journal*, Vol. 17, 1994.

[10] Darrell Dobbs, "Aristotle's Anticommunism", *American Journal of Political Science*, Vol. 29, No. 1, 1985.

[11] David Keyt, "Three Fundamental Theorems in Aristotle's 'Politics' ", *Phronesis*, Vol. 32, No. 1, 1987.

[12] David Lewis Schaefer, "Economic Scarcity and Political Philosophy: Ancient and Modern Views", *International Political Science Review*, Vol. 4, No. 3, 1983.

[13] David Miller, *Political Philosophy: A Very Short Introduction*, Oxford University Press, 2003.

[14] Derek Matravers and Jon Pike eds, *Debates in Contemporary Political Philosophy: An Anthology*, Routledge, 2003.

[15] D. J. Allan, *The Philosophy of Aristotle*, London: Oxford University Press, 1952.

[16] Donald Morrison, "Aristotle's Definition of Citizenship: A Problem and Some Solutions", *History of Philosophy Quarterly*, Vol. 16, No. 2, 1999.

[17] Elizabeth Siobhan Donoghue - Armstrong, *Teleology, Perfectionism and Communitarianism in Aristotle's Political Naturalism*, PhD dissertation, University of Colorado, 2004.

[18] Eugene F. Miller, "Metaphor and Political Knowledge", *The American Political Science Review*, Vol. 73, No. 1, 1979.

[19] F. D. Miller, *Nature, Justice and Rights in Aristotle's Politics*, Oxford: Oxford University Press, 1995.

[20] F. M. Frohock, An Alternative Model of Political Reasoning, *Ethical Theory and Moral Practice*, Vol. 9, No. 1, 2006.

[21] Fred D. Miller. Jr., "Aristotle's Political Naturalism", *Apeiron: A Journal for Ancient Philosophy and Science*, Vol. 22, No. 4, 1989.

[22] Frederick G. Whelan, "Language and Its Abuses in Hobbes' Political Philosophy", *The American Political Science Review*, Vol. 75, No. 1, 1981.

[23] F. Rosen, "The Political Context of Aristotle's Categories of Justice", *Phronesis*, Vol. 20, No. 3, 1975.

[24] Gerald M. Mara, "Interrogating the Identities of Excellence: Liberal Education and Democratic Culture in Aristotle's Nicomachean Ethics", *Polity*, Vol. 31, No. 2, 1998.

[25] Gerald M. Mara, "The Logos of the Wise in the Politeia of the Many: Recent Books on Aristotle's Political Philosophy, Book Review", *Political Theory*, Vol. 28, No. 6, 2000.

[26] Gerard de Vries, "What is Political in Sub-Politics? How Aristotle Might Help STS", *Social Studies of Science*, Vol. 37, No. 5, 2007.

[27] Jacob Schiff, "From Anti-liberal to untimely liberal: Leo Strauss' two critiques of liberalism", *Philosophy and Social Criticism*, Vol. 36, No. 2.

[28] Jaeger, Werner, *Aristotle: Fundamentals of the History of His Development*, Oxford: Oxford University Press, 1948.

[29] James F. Ward, "Experience & Political Philosophy: Notes on Reading Leo Strauss", *Polity*, Vol. 13, No. 4, 1981.

[30] James M. Rhodes, "Philosophy, Revelation and Political Theory: Leo Strauss and Eric Voegeli", *The Journal of Politics*, Vol. 49, No. 4, 1987.

[31] James P. Sterba ed, *Social and Political Philosophy: Contemporary Perspectives*, Routledge, 2001.

[32] James V. Schall, "Friendship and Political Philosophy", *The Review of Metaphysics*, Vol. 50, No. 1, 1996.

[33] Jean Bethke Elshtain, Kant, "Politics and Persons: The Implications of His Moral Philosophy", *Polity*, Vol. 14, No. 2, 1981.

[34] Jerry Weinberger, "Politics and the Problem of Technology: An Essay on Heidegger and the Tradition of Political Philosophy", *The American Political Science Review*, Vol. 86, No. 1, 1992 .

[35] Jiyuan Yu, "Confucius' Relational Self and Aristotle's Political Animal", *History of Philosophy Quarterly*, Vol. 22, No. 4, 2005.

[36] John Christman, *Social and Political Philosophy: A contemporary Introduction*, Routledge, 2002.

[37] John Rawls, *Lectures on the History of Political Philosophy*, edited by Samuel Freeman, The Belknap Press of Harvard University Press, 2007.

[38] Judith A. Swanson, *Private Virtue and Public Life: The Public and the Private in Aristotle's Political Philosophy*, Ithaca, NY and London: Cornell University Press, 1992.

[39] Kelvin Knight, "Aristotelianism Versus Communitarianism", *Analyse & Kritik*, Vol. 27, 2005.

[40] Larry Arnhart, "A Sociobiological Defense of Aristotle's Sexual Politics", *International Political Science Review*, Vol. 15, No. 4, 1994.

[41] Larry Arnhart, "The Darwinian Biology of Aristotle's Political Animals", *American Journal of Political Science*, Vol. 38, No. 2, 1994.

[42] Lee Ward and Aristotle, "Nobility and Necessity: The Problem of Courage in Aristotle's 'Nicomachean Ethics' ", *The American Po-*

litical Science Review, Vol. 95, No. 1, 2001.

[43] Leo Strauss and Joseph Cropsey eds, *History of Political Philosophy*, 3rd Edition, The University of Chicago Press, 1987.

[44] Leo Strauss, "Political Philosophy and History", *Journal of the History of Ideas*, Vol. 10, No. 1.

[45] Leo Strauss, "The Liberalism of Classical Political Philosophy", *The Review of Metaphysics*, Vol. 12, No. 3, 1959.

[46] Leo Strauss, "What is Political Philosophy?", *The Journal of Politics*, Vol. 19, No. 3, 1957.

[47] MacIntyre, *After Virtue*, Notre Dame University Press, 1984.

[48] Marguerite Deslauriers, "How to Distinguish Aristotle's Virtues", *Phronesis*, Vol. 47, No. 2, 2002.

[49] Martin Cohen, *Political Philosophy: From Plato to Mao*, Pluto Press, 2001.

[50] Michael Pakaluk, "Aristotle on Human Rights", *Ave Maria Law Review*, Vol. 10, No. 2, 2012.

[51] M. J. Inwood, "Aristotle's Political Thought, Book Review", *The Classical Review*, Vol. 42, No. 1, 1992.

[52] Neil Cooper, "Aristotle's Crowning Virtue", *Apeiron: A Journal for Ancient Philosophy and Science*, Vol. 22, No. 3, 1989.

[53] Oliver Leaman, "Continuity in Islamic Political Philosophy: The Role of Myth", *British Society for Middle Eastern Studies*, Vol. 14, No. 2, 1987.

[54] Paul Nieuwenburg, "Learning to Deliberate: Aristotle on Truthfulness and Public Deliberation", *Political Theory*, Vol. 32, No. 4, 2004.

[55] P. A. Vander Waerdt, "Kingship and Philosophy in Aristotle's Best Regime", *Phronesis*, Vol. 30, No. 3, 1985.

[56] Richard Kraut, "Are there Natural rights in Aristotle?", *The Review of Metaphysics*, Vol. 49, No. 4, 1996.

[57] Richard Kraut, *Aristotle: Political Philosophy*, Oxford: Oxford University Press, 2002.

[58] Richard Kraut, "Nature in Aristotle's Ethics and Politics", *Social Philosophy and Policy*, 2007.

[59] Richard McKeon, "Aristotle's Conception of Moral and Political Philosophy", *Ethics*, Vol. 51, No. 3, 1941.

[60] Richard S. Ruderman, "Aristotle and the Recovery of Political Judgment", *The American Political Science Review*, Vol. 91, No. 2, 1997.

[61] Robert C. Bartlett, "Aristotle's Introduction to the Problem of Happiness: on Book I of the 'Nicomachean Ethics' ", *American Journal of Political Science*, Vol. 52, No. 3, 2008.

[62] Robert C. Bartlett, "Aristotle's Science of the Best Regime", *The American Political Science Review* , Vol. 88, No. 1, 1994.

[63] Robert C. Bartlett, "The 'Realism' of Classical Political Science", *American Journal of Political Science*, Vol. 38, No. 2, 1994.

[64] Robert Mayhew, "Part and Whole in Aristotle's Political Philosophy", *The Journal of Ethics*, Vol. 1, No. 4, 1997.

[65] Roopen N. Majithia, Function, "Intuition and Ends in Aristotle's 'Ethics' ", *Ethical Theory and Moral Practice*, Vol. 9, No. 2, 2006.

[66] Roy A. Jackson, "Aristotle on what is Means to be happy", *Richmond Journal of Philosophy*, 2007.

[67] Sandel, *Liberalism and the Limits of Justice*, Cambridge University Press, 1982.

[68] Stephen G. Salkever, *Finding the Mean: Theory and Practice in Aristotelian Political Philosophy*, Princeton University Press, 1990.

[69] Stephen Salkever, "Teaching the Questions: Aristotle's philosophical Pedagogy in the 'Nicomachean Ethics' and the 'Politics' ", *The Review of Politics*, Vol. 69, No. 2, 2007.

[70] Stephen Salkever, "Whose Prayer? The Best Regime of Book 7 and the Lessons of Aristotle's 'Politics' ", *Political Theory*, Vol. 35,

No. 1, 2007.

[71] Steven B. Smith, "Leo Strauss's Platonic Liberalism", *Political Theory*, Vol. 28, No. 6, 2000.

[72] Susan D. Collins, *Aristotle and the Rediscovery of Citizenship*, Cambridge University Press, 2009.

[73] Susan D. Collins, "Moral Virtue and the Limits of the Political Community in Aristotle's 'Nicomachean Ethics' ", *American Journal of Political Science*, Vol. 48, No. 1, 2004.

[74] Taylor, *Philosophy and the Human Science: Philosophical Papers Vol. ii*, Cambridge University Press, 1985.

[75] T. Hobbes, *De Cive or the Citizen*, edited by S. P. Lamprecht, New York University Press, 1949.

[76] T. Hobbes, *Leviathan*, edited by R. Tuck, Cambridge University Press, 1996.

[77] Thomas C. Pocklington, "Political Philosophy and Political Obligation", *Canadian Journal of Political Science*, Vol. 8, No. 4, 1975.

[78] Thomas K. Lindsay, "Aristotle's Appraisal of Manly Spirit: Political and Philosophic Implications", *American Journal of Political Science*, Vol. 44, No. 3, 2000.

[79] Thomas K. Lindsay, Liberty, Equality, "Power: Aristotle's Critique of the Democratic 'Presupposition' ", *American Journal of Political Science*, Vol. 36, No. 3, 1992.

[80] Thomas Lindsay, "Aristotle's Qualified defense of Democracy through 'Political Mixing' ", *The Journal of Politics*, Vol. 54, No. 1, 1992.

[81] Thornton C. Lockwood, JR, *Political Justice in Aristotle's Nicomachean Ethics and Politics*, PhD dissertation, Boston University, 2004.

[82] Thorrnton C. Lockwood Jr., "Ethical Justice and Political Justice", *Phronesis*, Vol. 51, No. 1, 2006.

[83] Tomasz Kuninski, "Is Political Life a happy life according to

Aristotle?”, *Diametros nr* 8, 2006.

[84] Walzer, *Spheres of Justice: A Defense of Pluralism and Equality*, Basic Books, 1983.

[85] W. Jaeger, *Aristotle*, translated by R. Robinson, Oxford: Clarendon Press, 1948.

后 记

本书是在我博士论文的基础上修改而成的，是对自己三年博士学习的一个总结，也是今后继续前进的一个起点。作为一名非科班出身的哲学爱好者，有幸到华中科技大学这样的国内一流学府深造，师从当代西方哲学名家张廷国教授，是命运对我的厚爱。三年来，在张老师的悉心指导下，我一直孜孜以求，力争学深究透，日日夜夜都在思考怎样把这篇论文做好。然而，面对这样一个大而深的课题，以自己浅薄的学术功底，终究难以体现出导师对此课题的要求和期望，所以，只好把此文的写作当成一次有益而谨慎的尝试。

世间有一种财富叫榜样。张廷国老师性情直爽、品行高洁，学养深厚、学识渊博，为学为人均堪称学界楷模。三年来，张老师在学习、工作、做人等诸多方面都给了我很多教益，令我没齿难忘；在论文写作的过程中，张老师对学术的执着、对学问的严谨，无时无刻不在感染着我、激励着我，这笔财富将使我终生受益！此刻，只有一句话能表达我的感念之情：得遇廷国恩师，我三生有幸！

世间有一种力量叫思想。华中科技大学哲学系群贤毕至、星光闪耀，学界泰斗邓晓芒教授，遨游于西学世界，蜚声于海之内外，厚积薄发、思想涌流，智慧和才气堪与康德并称；欧阳康教授、高秉江教授、董尚文教授、万晓龙教授、韩东屏教授、王晓生教授……一串串闪光的名字、一部部厚重的大书、一场场振聋发聩的学术盛宴，令我折服于大师的讲坛，陶醉于哲学的海洋。

世间有一种支持叫激励。建坡师兄，识于师大，知于华科，兄弟感情非同一般，每每读书举步维艰、萌生退意之时，总是建坡师兄鼓励我坚持、坚持、再坚持，手足之情，永生难忘。在外读书，家小难顾，年迈的母亲、贤淑的妻子、懂事的娇儿，皆为我奋力完成学业提供了莫大的支持和不竭的动力。在此，一并深表谢意！

掩卷之时、投笔之际，胸中仍澎湃着千言万语。但此时此刻，我只想将千言万语幻化为心声一句：投身于华科，使我获得了此生绝无仅有的幸福；醉心于哲学，也让我赢得了今世最为沉甸的收获。

田道敏

2016 年 10 月